地方住み・
3児のママでも
できました

自分と家族を幸せにする「起業」という働き方

Katsube Kumiko 勝部久美子

同文舘出版

はじめに

私の起業前夜

はじめまして。勝部久美子です。この本を手に取ってくださり、ありがとうございます。

最初に、私のことを少しお話ししておきます。鳥取県鳥取市で生まれ育った私は、看護師になるための大学に進学。出雲大社で有名な島根県出雲市で学生生活を送りました。卒業後も多くの期間を出雲で働き、地元の男性と28歳で結婚しました。看護師経験の14年の間には働きながら大学院へ行き、キャリアも積み、結婚、出産、夢のマイホーム……とはたから見ると順風満帆な生活を送っていました。

子どもは3歳差で3人産み、全員男の子！　子どもたちを抱えながらも、育休は1年取らず復帰し、夫も夜勤のある仕事でありながら核家族。私もフルタイムで看護師を続け、仕事に育児に家事に奮闘する毎日でした。

そんな私に変化があったのは、２０１６年36歳の時です。三男の育休中だったのですが、ただの鼻の風邪が薬を飲んでも治らず、産後だとしてもなぜ？　と思うことがありました。

ちょうどそのころ、ネットで「食品添加物」や「農薬」など〝食の安全〟について目にしており、興味がわいて調べていくと、いわゆる〝スピリチュアル〟な考えなどに行きつくことが多かったです。まず興味をもったのが、自然栽培。どうやらスピリチュアル、オーガニック、自然栽培、自然派……というような分野は親和性が高いようです。自然の摂理やまるで宇宙を見ているような世界が楽しくて、自然栽培で農業がやりたい！　と思うようになりました。そして、それまでガッチリ現実社会で生きていた私は、やや不思議な、だけど妙に納得できるスピリチュアル的な考え方にハマっていきました。まるで新たな大発見をしたような気持ちでネットの世界を調べていくと、スピリチュアル的な生き方にシフトチェンジした女性のブログに行き当たります。

それまでブログと言えば、アメブロで芸能人のブログを読んでいたぐらい。一般人の書くブログに触れてこなかった私は、「すごい人がいるもんだ！」とずっと追いかけるようになりました。

その方のブログは、「人にはそれぞれこの世に生まれてきた使命があって、その使命を生きれば豊かになれる」というものでした。今聞くと、「それで?」という感じなのですが、看護の世界しか知らない世間知らずの私は「そうなの!?」と衝撃を受けました。しかも、その方は社会の中でバリバリ男性と肩を並べてがんばっていたら病気になって、そこから心の世界のことを勉強して実践されたとのこと。「働くの辛いな。疲れたな。」と思いながらも、バリバリがんばって働いていた私は、まるで自分のことのように共感しました。

そこからスピリチュアル系のセミナーに行くようになります。一回数万円から、一日でウン十万円のものもありました。そこで新たな人たちと出会うのも楽しく、このころは頻繁に東京に通っていました。そうしながら、育休も終わり看護師へ復帰しますが、自分の頭の中にある世界と現実世界のギャップが激しく、仕事を辞めて私も使命を生きたい……と思うようになります。

使命に生きるはずだったのに……

そんな時に起こったのが、子どもの不登校でした。それに後押しされるように、しばらく休職したのち、「起業しよう！（使命を生きよう！）」と看護師を辞めます。このころの私は、子どもの不登校に頭を抱えながらも、一方で念願の農業をしたり、地域の中でコミュニティを作ったり、起業塾に行ったり、自分の世界がどんどん広がっていっていました。稼ぐ当てもなく、起業しよう！　と思ったわけではなく、高額セミナーを販売して「月商100万円♡女子」を目指す予定でした。しかし、その高額セミナーを売る方法が私にはどうしてもできなかったのです。これはできない！　やっぱり辞めよう！　とウン十万円投資した起業塾での学びも手放しました。勢いと一応の目論見はあって失業保険ももらわず、開業（起業）しましたが、その1か月後には稼ぐ方法を失ったのでした。

ちょうど看護師の退職金も入ったので、しばらくそれで凌ごうと思っていたのですが……気づけばそれも2か月でなくなってしまいました。これには自分でもびっくりでした。スピリチュアル系のセミナーに通い出してから、その界隈で当たり前かのごとく言われるのは「出せば入る」というフレーズ。自分の欲しいもの、やりたいことを我慢させていては豊かになれない、自分のやりたいことをやらせてあげる、すると自分が満たされて豊かになれるというものだから、真面目な私はちゃんと実行しました。波動のいいところに身を置くと良いと言われれば、都会のホテルのラウンジでお茶をしたり、高級ホテルに泊まったり……素敵な服も買いました。自分を喜ばせるために。そうして気づけば、貯金も退職金もなくなったのです。……すでにここまで読んだだけで、この人バカなの？　と思う人もいるかもしれません。何か正常な判断ができない状況だったんだろうと思います。

稼ぐ当てもなくなり、貯金もなくなり、職もなくなり、子どもは学校に行かないし、本当にどん底の気分で、これからどうやって生きていこうかと日々悩んでいました。農業をやって生計を立てるか？　でも看護師の時ほどすぐには収入を見込めないし農地もない……、あぁどうしよう……それればかり毎日考えていました。

まさかのダシ販売スタート

そんな時、ちょうど「食品添加物」などに興味を持って家で使う調味料や食事を見直していた私は、良い〝ダシ〟を探して、自分で好きな素材をミルでひいて粉にする方法にたどり着いて使っていました。農業する仲間や地元で作ったコミュニティの仲間とおかずを持ち寄ってご飯を食べる機会も多く、その〝ダシ〟を使った料理を持って行き、〝ダシ〟の良さを話していました。するとその〝ダシ〟を友人が「売ってほしい！」と言い出したのです。しかも、立て続けに何人かに言われました。

セミナーをすることは考えていたけれど、商品を作るなんて、ましてや食品を作って売るなんてまったく考えていなかったのですが、それを言われて1か月後ぐらいにはその〝ダシ〟の販売をスタートしたのでした。のちに、4万5000個（2024年8月時点）販売することになる私の商品「ガーっと粉®」です。「私がダシ屋になるなんて!!」です。こうして私のダシ屋としての起業が始まります。

今や、ダシ屋となり6年経ちますが、つい2〜3年前までダシ屋をしながら例のスピリチュアルにもどっぷり浸かっていました。そして今は、最低限の生活費は看護師のパートで稼ぎ、たまにバイトもし、ダシ屋の事業も続けています。6年前にスピリチュアルに目覚め、3年前にスピリチュアルから目が覚めたのです。今の地に足のつきようと言ったら、当時を知る人は驚きます。

いろんな世界を見たからこそ、今わかることがあります。働き方に悩む女性やママたちに私と同じような思いをしてほしくない。そんな想いで、働き方という観点から、女性やママを取り巻く「起業」にまつわる話、商品をゼロから作った方法などをこの本では書いていきたいと思います。

地方住み・3児のママでもできました 自分と家族を幸せにする「起業」という働き方 目次

1章

女性、ママにおすすめしたい「起業」という働き方

2章

私が体験した「女性・ママ起業」の大失敗
――どん底からでも這い上がれる！

3章

何を売る？ ――商品づくり

4章 どう売る？——宣伝・販路開拓

5章 ビジネスにまつわる「お金」のこと

6章 ビジネスをする上で必要な「マインド」

7章 起業をサポートする公的機関 ――資金なしでも助けてくれる強い味方

8章 女性、ママの起業のリアル ——これが私の生きる道

カバーデザイン　喜來詩織
カバーイラスト　いだりえ
本文デザイン・DTP　草水美鶴

1章

女性・ママに おすすめしたい 「起業」という働き方

1 女性・ママの働き方
——うちの子が不登校に!?

看護師として14年目、経験も積んでバリバリと働いていた私。結婚もして、マイホームも建て、3人の男の子に恵まれて日々大変なことはありながらも「うまくいっている」人生を歩んでいた私に起こった出来事、それは子どもの「不登校」でした。

元気いっぱいでやんちゃもするけど、素直で聞き分けが良くて、話して伝えるとちゃんと理解してくれた長男。母親としても「うまくできている」ほうだったと思います。保育園を嫌がることもなく、友達もいて、このまま小学校に上がっても「普通」に進んでいくんだろうと思っていました。

そんな長男が小学校1年生のゴールデンウィークが明けたころから「学校に行きたくない」と言うようになりました。〝学校を休む〟という概念のない私は、子ども特有の言いたいだけなのかなと軽く聞き流し、学校に向かわせていました。しかし、2学期が始まったころ、いよいよ朝の登校班の集合に間に合わなくなったり、玄関で座り込んで動かなくなったりが始まりました。

「行きなさい！」と大きな声を上げたこともあります。ランドセルを無理やり引っ張ったこともあります。「なんで行かないの!?」と怒鳴ったこともあります。「お母さん、仕事に行けないじゃない!!」と叫んだこともあります。今思うと、本当にかわいそうで申し訳ないことをしたという気持ちでいっぱいですが、当時の私にとっては、「学校に行かない」なんて、とうてい受け入れられることではなかったのです。

この調子なので、学校に車で送っていくこともありました。しかし車から降りられなくて、そこで何十分と時間を取られ、あげく家に帰ってきたりと、普通に出勤することすらできなくなりました。

仕事に行かなければという焦りと、遅刻していくと職場の皆に迷惑が掛かるという申し訳なさ、「このままでは働けなくなるのでは!?」という不安で、「子どもが学校に行かない」という事実だけでなく、いろんな思いでぐちゃぐちゃになっていました。不登校の子を抱えるママの〝あるある〟だろうことを、まさに体験していたのです。

どうしようもなくなって、有休を使ってしばらくお休みをもらい、長男に付き添って登校し、教室の片隅で授業に一緒に参加していたこともあります。しかし、毎日これだとその間は何もできないし、教室の小さな椅子にずっと座っているとお尻も痛い……。もう限界！　と思ったころ、とある本の1節を読んで、ある意味吹っ切れたのです。

その本には、【親がどうしたからと子どもがどう育つかなんてわからない。たくさん手をかけて育てたから、甘えんぼうになりみんなが何もできなくなるかというと、むしろたくさん手をかけてもらったことで満たされて自分で人生を切り拓く力を持つ子もいる。】というようなことが書かれていたと思います。

それまで、親としてどう思われるか、ちゃんと育てないと、と肩に力をいれていたのが、スッと楽になりました。「そうか、私がどうしたからと、この子がどう育つかはわからないわ」と思い、その日を境に、長男に「お母さんはもう学校について行かないから、あなたがどうしたいか決めて」と伝え、学校に行かせようとすることをやめました。長男は「休みたい」と言ったので、しばらく家で一緒に過ごすことにしたのです（親としての役割を放棄したのではなく、親の思うようにさせようと必要以上に入っていた肩の力を抜き、本人の意志を尊重する・見守るという立ち位置に変えたということです）。

この子どもの不登校をきっかけに、「働き方」ということを考えるようになりました。どう考えても不登校という状況がすぐには解決しそうにないし、有休もずっと取り続けられるわけではありません。

社会の流れとしても男女平等という考えが広がり、「家事や育児は女性がするもの」という意識が薄れてきたとはいえ、現実的には結婚・出産・育児・介護などのライフイベントによって働き方に悩む女性はまだまだ多いと思います。特に出産・育児をしながら正社員でバリバリと働くのは至難の業です。私自身も子どもの「不登校」というイレギュラーなことが起こったことで、少しのことでも崩れてしまう細い糸の上で成り立っているような働き方だったのです。

気づかないうちに限界を超えていた

事実、私自身の心も不安定となり、クリニックに相談に行ったこともありました。そこで先生に子どものことや生活の状況などを話すと、「それはあなた、がんばりすぎよ？　普通の人ならとっくに病気で倒れているわ。その働き方は、祖父母と同居している人ができる働き方だわ」と言われたのです。これには「そうなの⁉」と心底びっくり‼　でした。だって私の中では、まだまだ〝がんばれる〟だったのですから。

ではどうやって働くのか

ライフイベントだけでなく、自身の体調によっても働き方に悩む人は多いはずです。そして、正社員で働くのが厳しければ、パートになろうか？　とまず考えるでしょう。でもそれだと金銭的に厳しくなるし、生活の水準は落としたくない。起業すれば時間も自由になるし、お金も今より稼げるかもしれない！　でも起業なんてそんなすごいこと私にはできない！　……なんて、頭をよぎったこと、ありませんか？

そもそも、正社員で雇われて働きながら、組織の中で働くことの窮屈さも味わっているころでしょうから、「自由」という甘い言葉がなんとも恋しく耳ざわりよく聞こえます。もちろん私もその1人でした。

雇われて働くか、起業するか。私の中では、専業主婦になるという選択肢はありませんでした。それは、家のローンもあるし、看護師としてのお給料が毎月入り、自由にお金を使ってきたものをゼロにするなんて選択は、できなかったからです。なので私は、働く時間を短くして仕事を変えるか、はたまた起業をするか、この二択で悩んでいました。そして私は、「起業」を選びました。「自由」という言葉の甘さに惹かれすぎたのです（笑）。

私は起業する道を選んだ

こうして起業をして今年で6年目を迎え、5年目となる昨年には法人化もしました。6年続けてきて思うことは、**「起業」という働き方は、女性にとてもおすすめ**であるということです。イメージしていた通り、「起業」をすると自由は増えます。雇われて働いていた人なら、時間の自由さを一番感じるかもしれません。自分で仕事をしながら、合間で家のことをしたり、子どもの送迎をしたりもできます。私の場合は、起業して自分で仕事をしたからこそ、行ったり行かなかったりの気まぐれな不登校の長男に付き合うことができました。

しかし、もちろんですが、甘い話ばかりではありません。起業をすること、雇われて働くことのそれぞれにメリット・デメリットがあります。さらに、後の章でじっくりお話ししますが、女性やママの起業には、ありがちな落とし穴があります。私も盛大にはまりました!!　加えて、起業するなら何を商売にしたらいいの!?　と思うでしょう。そのあたりすべて体験した私が、子どもの不登校と並行して始めたゼロからの起業についても、この後に詳しくお話ししていこうと思います。

ちなみに長男の不登校は、小学校を卒業するまで6年間続きました。ずっと行かないが続いたわけでもなく、別室登校をしたり、行事の時だけ行ったり、本人の様子を見ながら、今はプッシュしてもいい時だなと思えば学校に行くことを勧めたり、本当にあの手この手で目を離さずにいた6年間でした。私もずっと寛容な気持ちでいたかというと、まったくそうではありません。急に不安がよぎって責め立てるようなことを言ってしまったり、無理やり行かせようとしたりの繰り返しで、上がったり下がったりのいろんな時期を体験しました。

不登校は特別なことではない

唯一私にとって救いだったことは、長男が「元気」であったこと。学校にこそ行けないけれど、同級生が帰ってくれば一緒に外で遊び、お友達との関係も良好で、ご飯もよく食べてとにかく元気でいてくれたことは救いでした。それとこの6年間、長男とはたくさん話をしました。不登校がなかったら、仕事優先で忙しさに追われ、ここまで話さなかったかもしれないと思うと、これも良かったと思える一面です。

そんな長男も、中学生となりました。中学校では、やりたいスポーツがあり、その目標があることや、学校の環境が変わったことなど、いろいろなことが転機となり、嘘のように、「普通に」学校に行くようになりました。

「不登校」の6年間を過ぎてみて、不登校は特別なことではないと思います。事実、不登校児は全国的に年々増加しており、周囲にも学校に行きたくないという子が増えている実感はあります。当事者になってみて、まさか自分の身にこんな出来事が降りかかるとは思っていなかったし、看護師を辞めて今、起業して生きているのも、嘘のような話です。

しかし、この私の身に起きた子どもの「不登校」、これが私の人生を大きく変えることになったのでした。

2 起業は働き方の一つ

37歳で14年務めた看護師を辞めて、ゼロから起業をして6年。ここ1～2年で、「起業」は働き方の一つだなと思うようになりました。「起業」というと、すごいことのように感じますが、正社員やパートやアルバイトと並ぶ、〝働き方〟の一つです。その証拠に、私は、パートもアルバイトも起業もし、看護師のころの手取り収入くらいは得られています。

起業をして3年目ぐらいまでは、「起業をしたら起業だけ!!」という思い込みがなぜかあり、起業一本でやっていました。雇われて働くことが子どもの状況的に無理だったという事情ももちろんあります。しかし、起業一本でいくと、当たり前ですが、苦しくなります。私は、きっと運がいいほうで、起業してすぐに現在の商品が売れ始めてそれで生計を立てることができましたが、それでも、売上の波があると、「今月どうしよう……」とお金のことで苦しくなるぐらい悩みます。しかも当時、私の会計管理は〝ザル〟。行き当たりばったり、あるものは全部使うようなやり方をしていたものですから、お金の悩みは尽きませんでした。

収入源は複数あっていい

3年が過ぎたころ、「これではいかん！」とお金の出入りをきっちりと把握して会計管理できるようにしたのです。そのころ何かの記事で、Amazonの倉庫でバイトをする一人会社の社長さんの話を読み、「別に副業禁止という縛りのない個人事業主なんだから、空いている時間にバイトしたっていいよな」と視界が開け、バイトをしてみようかという気持ちになったのです。

しかし、個人事業主で起業していることが、自分では無意識でしたが、プライドを背負っていたようです。バイトを探しても、応募するまでに時間がかかりました。まずは看護師のバイトを探しましたが、クリニックのパートなどは時間や日数の縛りがあるため難しいとなかなか決めきれずにいました。そんな時、ふと全然関係ない仕事をやってみるのもおもしろいかも！　と閃いて、なんと、旅館の清掃のバイトを2か月限定でやったのです。自分のことを話しもせず、黙々とチェックアウトされた部屋の清掃をしていくのです。

時には「もっと早くやって！」と怒られることもありました。看護師時代は分刻みのスケジュールをこなし、仕事の速さには自信のあった私は、いい意味で無駄に持っていたプライドもへし折られ、看護師でもなんでもない、ただの私に初めてなった気分でした。この旅館の清掃は体力的にきつすぎて、予定通り2か月だけで辞めましたが、ここから私の考え方に変化が生まれました。

起業も、パートもアルバイトも「働き方」の一つです。収入の入り口はたくさんあったほうが、収入が断たれた時のリスクも分散できます。正社員は、時間的拘束と副業禁止というところもあると思うので、並行してやるには難しいと思いますが、正社員で自由な働き方ができるなら、それも選択肢の一つに十分なります。

実際今、私は週3〜4日は看護師のパートをしています。加えて、看護師の派遣登録をした会社からの依頼で、単発で健診や救護などのバイトもしています。もちろんですが、自分の会社の仕事もしています。

そしてこの働き方こそ、女性やママにとって最適なのでは？　と思うのです。その理由や私の実際のスケジュールは次項でお見せします。

起業の方法を伝える本ではありますが、一方で、起業を他の仕事と並ぶ働き方の一つと考えて、起業＋αの仕事で、心のハードルも金銭的なハードルも下げて、「自分らしい生き方ができるかも！」と、思い込みの枠が外れる体験をしていただければと思っています。

3 ライスワークとライフワーク
――働き方を自分で選べる本当の自由

ライスワーク（Rice Work）という言葉があります。Riceは「お米」で、読んで字のごとく食べるため（生きるため）の仕事です。一方で、ライフワークは（Life Work）は、人生をかけて情熱を注げるような仕事を指します。

今これを読んでくださっているあなたは、働き方に悩んでいるか、起業したいと思って手に取ってくださっていると思います。あなたは**「何のために働いて」います**か？　**「何のために働きたい」ですか？**　生活のため、子どものため、家族のため、好きなことをして生きるため、誰かの役に立つため、社会にある課題を解決するため、単純に仕事そのものが楽しい、いろいろあると思います。私も看護師をしていたころは、働く意味なんて考えたことありませんでした。大人になったら社会に出て働くものだと思っていたし、特に私は専門職の資格が取れる大学だったので、当たり前に看護師になりました。

忙しく仕事に追われ、帰ってご飯を作って食べてお風呂に入って、明日の仕事のために寝る。生きるために仕事をしているのか、仕事のために生きているのかわからなくなる時がありました。まさに、ライスワークです。

そんな時に出会ったのが、最初にも書いたスピリチュアルです。「使命を生きれば豊かになれる」と並んで、「自分らしく生きる」というフレーズも私を夢中にさせました。自分らしく、自分のために、自分の人生を生きる。まさにライフワークです。「これが私の生きる道！」と言わんばかりに私は、ライスワークを辞め、ライフワークとして起業する道を選びました。ライスワークとして働いている人に「それでいいの!?」と発破をかけることすらありました。嫌なら仕事辞めればいいのに！　と。とんだおせっかいです。

ライフワークとライスワークに優劣はない

ライフワークは良くて、ライスワークはダメ。そんな思考にとらわれてもいました。しかし、スピリチュアルから目が覚めて、パートをしたり地に足つけた事業をしたりしていると、いかに世の中がたくさんの人の「仕事」で成り立っているかがわかります。たとえやりたくない仕事でも、家族のためや何かのために、一所懸命、働いているその恩恵を多分に受けていると気づかされたのです。何かを守るためにやっている仕事って、かっこよくないですか？ ライスワークだって、いいじゃない！ というのが今の私の考えです。しかし人は、自分の人生を充実させたい。と自分の人生の舵取りをしたいと思うものです。

なので今は、**ライスワークもライフワークもどちらも持てばいい**と思っています。むしろ、どちらも持ったほうがいい。その時々の状況で、ライスワークとライフワークのバランスを変えられるフットワークの軽さも身につけておくと、状況の変化に対応できます。生きるためのお金も必要です。働き方に悩む女性やママは、自分の好きなことを仕事にできていないことを悩みがちです。自分の好きなこと探しに夢中になり、何をやっているのかわからなくなることもあります。たとえやりたい仕事でなかったとしても、それでお金がいただけるなんて素晴らしいことです。以前は、もらうだけの側だったので文句を言っていましたが、自分が仕事を作り出す側になり、今は仕事をしてお金をいただけることがそれだけでありがたいです。

私にとって看護師はライスワークの要素が大きく、ダシ屋の仕事はライフワークの要素が大きいです。実は私の場合、ライフワークだけでは辛くなりました。収入が売上に左右されて、その度に一喜一憂して、地の底まで落ち込む気分の時もありました。それが、ライスワークである看護師のパートを始めて、そこまで一喜一憂することがなくなりました。生きるために最低限必要なお金は、ライスワークで得られているからです。お金のあるなしって、実はとても精神状態に影響します。心の安定がライスワークで得られるので、事業の売上が落ちても焦って変な判断をすることがなくなりました。これはけっこう重要です。焦ると、変なものに騙されたり、お金をかけてしまったりします。

時間的には看護師の仕事にダシ屋の仕事にと、一見自由の幅は少なくなったように思いますが、忙しくて疲弊しているどころか、実はとても心が安定しています。それはなぜかと考えてみたところ、「やらされている感」から「自分が決めてやっている感」となったからだと思うのです。私は自分の意志で、家族と幸せな瞬間を過ごすために仕事をしています。そのためにやるライスワークは、むしろ充実感を感じます。本当の自由って、時間的に自分の思ったままに動けることだけでなく、「自分で決めて動ける」ということなのだと思います。

そこで、女性やママにオススメしたいのは、**ライスワークで生活の保障をしながら、ライフワークで自分のやりたいことを少しずつ広げてみる**というやり方です。その主導権を自分で握るところからスタートします。

私の実際の働き方の割合

そんな私のライスワークとライフワークの割合やスケジュールをここでご紹介します。おおよそ平日の3～4日間は看護師のパートに出ています。看護師のパートを始めたころは週3日でしたが、子どもにお金がかかるようになったことと、ダシの売上が落ちていることでパートの日数を増やしました。看護師のパートは、通勤に車で往復約2時間かかります。その時間も無駄にはできないので、運転しながら頭の中で今後することを整理したり、この本のネタを考えたり、時間を有効活用します。また、パートの帰りにダシの納品に行ったり、休憩の合間にメールの返信や各所への連絡を取るなど、あらゆる時間をやりくりして仕事をしています。ダシの注文が立て込んでいる時は、パートから帰って夕ご飯を作ってから1~2時間作業をすることもあります。

週3~4日は看護師のパート、週3日（土日含む）はダシの仕事をしているイメージです。とはいえ、土日は子どもたちのテニスの練習の送迎を合間でやったり、大会があったりするので、スケジュール管理がとても大切になってきます。「ずっと仕事じゃん！」と思われそうですが、ダシの仕事は自宅でしていて、常に家族のそばにおり、家のことも子どもの相手もしながら働けるので、うまくバランスを取りながらできるのも気に入っています。さらに、こうやって「自分で」スケジュールを立ててやっているので、やらされている感もなく、仕事に対して〝やりたくない〟という気持ちもありません。これが看護師時代からの私の大きな変化であり、自分自身もその変化に驚いています。以前はできる限り「働きたくない」と思っていたのですが。

図1 起業とパート、それぞれのタイムスケジュール

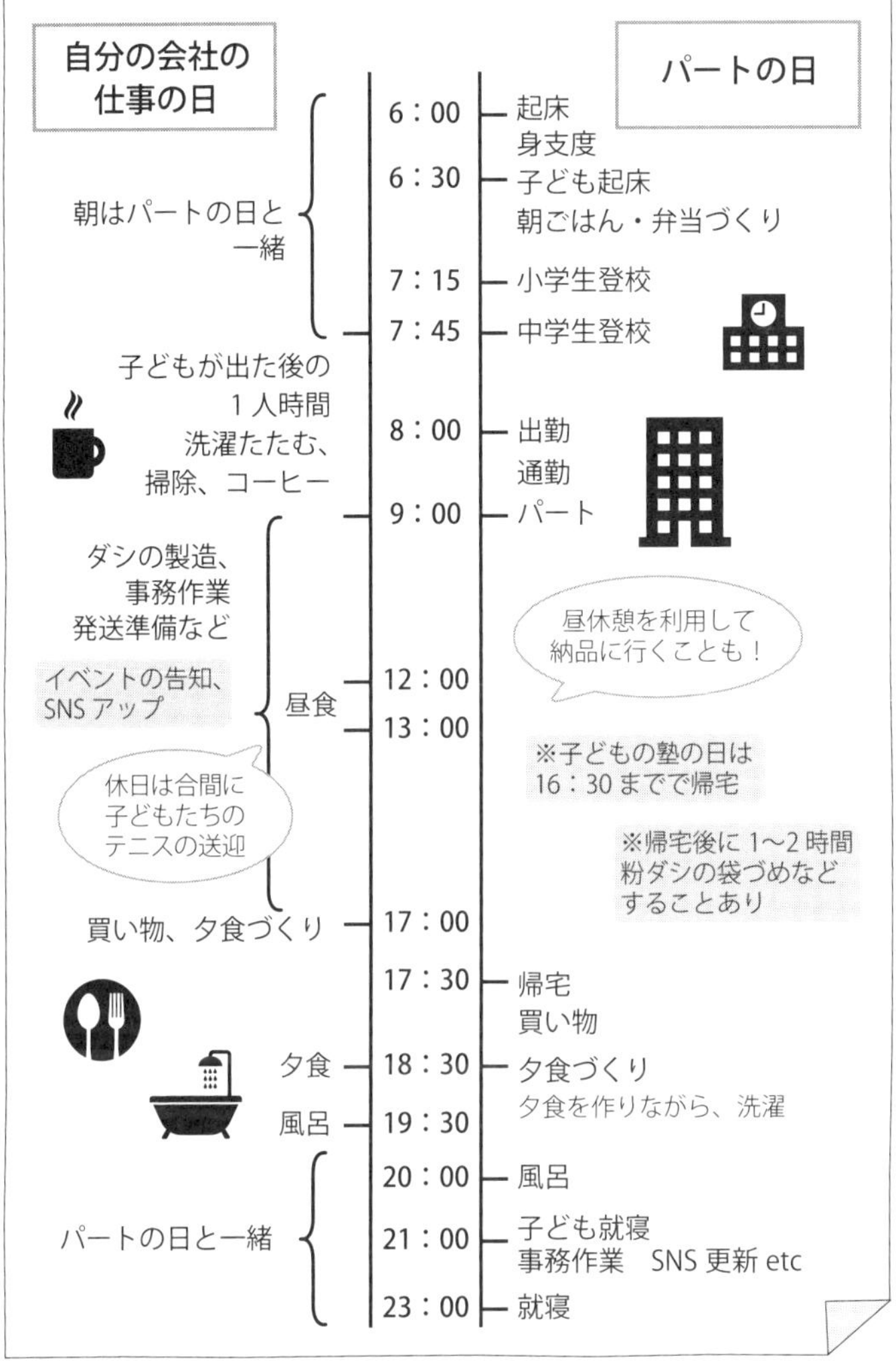

自分が何のために働くのか、自分の意志で決めるということには、大きなパワーがあるのだなと実感しています。

4 起業or雇われて働くことのメリット・デメリット

看護師を辞めたころ、疲れ果てていたこともあって、雇われて働くことの嫌な面、面倒な面ばかり目について、起業のメリットしか見えていませんでした。「起業」が自由で良いに決まってる！　と思って飛び込みました。しかし、起業して6年目、起業と並行してパートで働き出したからこそ、最近では雇われることのメリットも多分にあると気づけるようになりました。

ここでは、起業して6年目の私が体験し、感じている、起業と雇われて働くことのメリット・デメリットを【時間】【お金】【仕事内容】【保障】【社会的立場】の5つの視点で書いてみたいと思います。

時間

起業して一番自由になるとイメージされるのは、この「時間」ではないでしょうか。私も時間が自由にやりくりできたから、子どもの不登校に付き合えたという面があります。メリットとしては、やはり**自分で自由に働く時間を決められる**ことです。出社時間も決まっておらず、仕事が終わったのに退勤時間まで帰れないなんてことはありません。雇われていると、基本的には就業時間が決まっているので時間の拘束があります。そして、勝手に休んだりすることはできません。もちろん、休んでもいいのですが、やはり気を使います。子育てをしていると、子どもの体調不良が重なることもあり、休みをお願いすることにストレスを感じる人も少なくありません。

反面、起業では、**ある意味「いつも仕事をしている状態」**になります。生活と仕事が一緒になりやすく、それも利点である一方で、家族の休日でもついつい仕事をしてしまい、SNSにこれだけはアップさせて！ と子どもの話を聞いてやれない自分がいて、本末転倒だわと思ったこともあります。今でも、何も仕事のことを考えない完全な休みはほぼありません。

看護師として働いていた時は、仕事のことを考えはしても、交代の時間が来れば自分がいなくても、仕事は進んでいきました。誤解を恐れずに言うと、決まった時間いれば、給料は保障されます。もちろん、組織の目標達成のために業務を遂行しなければなりませんが。自分が休んでも、仕事は回っていて、収入にはさほど影響しないのが雇われて働くことの大きなメリットです。一人起業では、自分が休んだら当たり前に、仕事は何も進みません。

お金

起業を考える上で、一番のネックになるのは、この「お金」です。起業をしようと思うと、収入が減るのではないかとマイナス面のほうが先に浮かんできそうです。しかし、ある意味、**収入に上限はありません**。いくら稼いでもいいのです!! たくさん稼ぐこともできてしまうのが起業です。が、**収入がゼロということもあり得る**のがデメリットです。それが怖くて踏み出せないんですよね〜。

雇われていると基本的に給料は保障されていて、正社員であれば休んでも給料はあります。仕事の能力評価が給料に反映されるところもあるかもしれませんが、基本的に、仕事をすごくがんばっても、そこそこにがんばっても給料はもらえます。ただ、決まった金額以上には入りにくいというのが雇われて働くことのデメリットかもしれません。

仕事内容

「好きなことを仕事にできる!」のが起業です。こんなに簡単に言っていますが「これ!」という商品や事業を見つけて、軌道に乗せるまでが一番大変なのかもしれません。最近、切に思うのですが、自分で仕事を生み出さなくてもすでに「仕事（商品）」があるのは、雇われることの大きなメリットです。起業をすると、**商品を考えるのも、作り上げていくのも、責任を負うのも、基本的にすべて自分**です。これをすべて自分でやっていると、時に苦しくなることもあります。パートに出始めて、やるべき仕事が用意されていて、それをこなしていけばお金が入ることの素晴らしさを身に染みて感じるようになりました。

反面、雇われて仕事をすると、やりたくないことや興味のないことも、業務であればしなければなりません。看護師で言うと、自分の苦手な分野の病棟へ配属されたとしても、そこの業務を覚えて働かなくてはいけません。これは、働くモチベーションにも関わりますし、言い方は悪いですが、自分の意思に反して組織の中で〝駒〟のように働くことに嫌気がさし、辞める選択をする人もいるような問題です。

ちなみに、「好きなことを仕事にする」というと「嫌なことをしなくていい」と勘違いしがちですが、好きなこと〝だけ〟していればいいわけではありません。苦手なこと、嫌いなことも自分でしないといけないのもある意味、起業のデメリットかもしれません。ちなみに私は、数字に関することが超超超苦手です。簡単な計算ですら怪しいレベル……（よく看護師できたなと思う）。会計に関すること全般が苦手すぎて、頭から湯気を通り越して煙が出るほどですが、丸投げはせず、ある程度のところまでは自分でやっています。

保障

これは言わずもがな、起業では、基本的に雇われている立場と同様の「保障」はありません。一番、自由と引き換えに……な部分とも言えます。大きなデメリットのようにも感じます。

雇われて働いていると保障はしっかりあります（例外は除いて）。病気になって休んでも、身分も給料も一定期間は保障されます。ここが起業と大きく違うところです。一人起業は、休んだら収入が減るのが基本です。今のところ、元気に仕事できていますが、病気じゃなくても、万が一ケガでもして自分の仕事ができなくなったら、一気に収入は減ります。起業したら、これまで以上に自己管理が大切になりますね。

しかし、そんな個人事業主を支える保障を自分でつけることはできます。小規模企業共済のような、小規模企業の経営者や役員、個人事業主などのための、積み立てによる退職金制度や、共済保険などがあります。自分で保障の内容を決められる上、掛け金の全額が所得税控除の対象となって節税効果があります。〝知らないうちに給料から何か引かれている〟ということはまずありません。

社会的立場

〝社会的にどう見られるか〟。起業を考えた時に、案外とひっかかります。人は社会の中で何らかのコミュニティに属していて、会社名や職業が自分の社会的立場を保障してくれるという面は、おおいにあります。私自身、起業をするにあたって、「〇〇病院で働く久美子さん」という肩書がなくなることが最後まで手放せず、悩んだことでした。そうは思えないと言う人もいるでしょうが、多くの人にとって職業や会社名は自分を示す肩書です。それによって築かれている自信や信用があると思います。

そう考えると、起業は何をしているのか見えにくいと社会的信用は得にくいです。実際に、個人事業主はローンが組みにくいとも言われています。社会的立場として、起業にメリットがあるとすれば、「起業していてすごい！」と一目置かれる⁉（かもしれない）ということでしょうか。

一方で、雇われていると、常に職業や会社名を背負って生きる窮屈さもあります。事件や事故のニュースで職業が報じられ、あの職業の人が⁉　と思うこともあります。職業によってプライベートの行動が制約されることもあるのが現実です。

図2 起業と雇われて働くことのメリット・デメリット

	起業		雇われて働く	
	メリット	デメリット	メリット	デメリット
時間	・基本的に自由 ・自分の好きな時に働ける	・明確な休みはない ・生活と仕事が一緒になりやすい ・ある意味いつも仕事している状態	・決まった時間いれば給料は保障される ・自分が休んでも仕事は回る	・決まった時間は拘束される ・休みを取るのに気を使う
お金	・収入に上限はない	・収入がゼロということもある	・決まった給料が入ってくる ・休んでも給料はある	・決まった金額以上は入りにくい
仕事内容	・好きなことを仕事にできる	・「これ！」という商品や事業を見つけるまで時間がかかる ・軌道に乗るまで時間が必要	・自分で生み出さなくても仕事がある	・やりたくないこと、興味ないこともしないといけない
保障	・自分で保障内容決められる ・知らないうちに引かれていることはない	・休んだ時の保障はない ・保障は自分でつけないとない	・病気休暇など働けない状況でも身分や給料は保障される	・知らないうちにいっぱい引かれている
社会的立場	・「起業してすごい！」と一目を置かれる（かも⁉）	・何をしているかわからないと社会的信用を得にくい	・会社名が自分の身分を保障してくれる側面がある	・会社名や職業を背負って生活する窮屈さがある

5 働き方に悩んだらまずすべきこと

私の場合、働き方に悩んだ大きなきっかけは「子どもの不登校」でした。そして悩んだ私がまずしたことは、「今の看護師を辞めたら何をしよう!?」と考えることでした。方法を追いかけ、見つかりそうなところにお金をかけて学び、回収できず次々と答えを求めてセミナーの類に参加していました。

しかし、その経験を経て、目が覚めて地に足ついた私が言えることは、働き方に悩んだらまずすべきこと、それはズバリ!! **生活費の収支を見る**、生活するのにお金が最低限どれくらい必要なのかを見ることです。えーそんなことー!? と拍子抜けしたかもしれませんが、大事なことは実は地味なことです。生活費の収支を見て最低限の生活費がわかれば、働き方に関して、適正な選択肢が準備できます。生活費の収支を見るといっても、見ているだけではいけません。よく言われる保険の見直しや携帯のキャリアの見直しなど、無駄な支出はないか、削減できる支出はないかをチェックしていきます。

実際、長年ウン万円かけていた基礎化粧品は「それじゃなきゃ」と思い込んでいましたが、安くてもたくさん塗って保湿できることのほうが大事じゃないかと見直したのです。化粧品の世界は、同じ成分を使っていても企業の広告費で高くなっていると聞いたこともありました。なので、今はドラッグストアの1000円台の基礎化粧品を使っています。そして、驚くことに、今が自分史上一番肌の調子が良いのです。

そんな風に、自分の思い込みで毎月支払っているものもあります。20年来続けてきた、髪の毛のカラーもやめました。黒髪もいいんじゃない？　と思って。そうまでして、お金を削りたくないと思うかもしれません。私も節約する人に対して、そう思っていました。だけど、私にとって「大切なもの」が明確になったので、今で十分満足です。最低限のエチケットとして清潔感があって、ＴＰＯに合わせた服装ができていれば、今の私には問題ありません。化粧品やヘアカラーでなくても、あなたにとっての「これじゃなくてもいいな」を見つけてみてください。

私は、この生活費の収支を見ることをすっ飛ばして起業して、「とにかくたくさん稼げばいい」というザックリとした目標しか持っていなかったので、常にお金を追い求めて苦しくなっていました。それまでの私は、家計簿なんて続かない、細かなことは面倒くさい、なんとかなりゃそれでいいという感覚でした。お金の管理は〝ザル〟を通り越して、穴の開いたバケツ。頭には入っているはずだけど、何に使ってなんでないのかわからない、いつもそんな状況でした。

そんな状況のまま起業して、なんとなくあるだけ使う、の繰り返し。個人事業主としてのお金の管理もきちんとできていなくて確定申告前に1年分と格闘。事業もしているのに、収支がわからないってダメじゃない？　とそれまでの杜撰な管理を立て直したのは、起業して3年が経ったころでした。

家計簿をつければ自分に必要な収入が見えてくる

とにかく、お金がいつ入って、何に使って、いつどれだけ引かれるかまったく把握していなくて、行き当たりばったり。この〝わからない〟という感覚もストレスで、人生で初めて家計簿というものをつけました。お金の出入りをすべて把握して、カードの引き落としや締めはいつで、いつが請求か、すべて調べて把握しました。

家計簿をつけたことで、お金の流れがわかって、無駄に使っているものや、1か月の生活に必要なお金も把握できました。稼がなきゃ稼がなきゃとあんなに思っていたのに、**最低限これだけあれば生活できるというラインが把握できたことで、無駄に不安になって「もっと、もっと」と思うことがなくなりました。**

起業して「月収100万円!!」と思うより、「パートで10万円、起業で10万円稼げたらひとまず生活できる」と思うほうが気持ちが楽だし、安定感がありませんか？

2022年に行なわれた、全国の15歳以上の女性起業家556名を対象にしたインターネットリサーチでは、年間の事業収益「1000万円未満」が68・0%、「1000万円〜1999万円」が10・6%、「2000万円〜4999万円」が6・8%と収益が増えるにつれてその割合は低くなっていく結果となりました。

これを見て、絶対無理とは言わないものの「月収100万円!!」の世界が、果たしてどこまでリアリティのあるものかわかると思います。起業を辞めたほうがいいというより、夢を見ていないで、現実を見た上で、働き方や収入を得る手段の一つとして起業という選択肢を持ってもいいんじゃない？　ということを言いたいのです。まずは、最低3か月家計簿をつけて、現在のお金としっかり向き合うことから始めて準備をしていきましょう。

2章

私が体験した「女性・ママ起業」の大失敗

―どん底からでも這い上がれる！

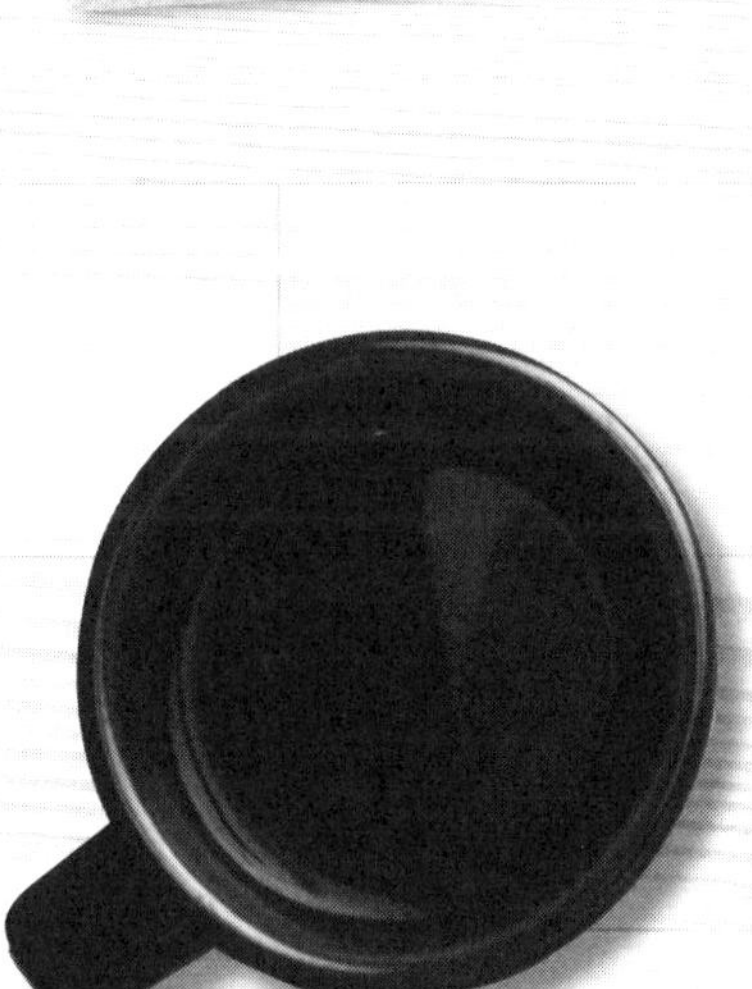

1 自覚のないがんばり屋さんがハマる業界

子どもが不登校になって、私も心が不安定になりクリニックに行った時、医師に「あなたそれ、がんばりすぎよ？　普通の人ならとっくに病気で倒れているわ」と言われたと書きました。そうです、私は、無自覚な超がんばり屋さんだったんです！　もっとがんばれるし、がんばらねば！　とも思っていました。

中学高校と大きく道を逸れることもなく、親の期待と社会や周囲からの期待を感じ取ってそれに答えちゃう私。ある意味で「いい子」であり、ある意味で「世間知らず」。さらに看護以外の世界をほとんど知らずに生きていました。そんな私がハマったのは、〝スピリチュアル〟な業界でした。スピリチュアルとは、霊的な見えないものを扱っている世界というだけでなく、たいていビジネスにもつながっています。そういう意味で、自己啓発系、キラキラしている起業女子系のコミュニティもスピリチュアル色があると私は思っています。

社会の中でがんばって生きていた人や、子育てや仕事に追われてがむしゃらにやってきた人にとっては、耳ざわりのいい言葉や心地のよい言葉が並びます。「使命を生きたら豊かになれる」「自分らしく生きる」「嫌なことはやめる」「心に従えばうまくいく」などなど、自覚なくがんばっている人の心の隙に入り込んできます。これまで一所懸命がんばってきたことと真逆が幸せで豊かになれるという教えなのです。

気づかないうちに無理をしていた人ほどほろっと行くのも理解できます。苦痛から解放されるのなら、それだけである意味天国です。なおかつ幸せで豊かになれる世界が本当にあるならば、それは夢見ちゃいますよね。ほろっと行かないでしょと思うかもしれませんが、極限までがんばっている人は、ほろっと行ってしまうんです。まさに、砂漠の中にオアシスを見つけたように。

自分と他人は「違う」ことを念頭に情報に触れる

さらに、私が生き方を変えた方のブログに夢中になったように、今はSNSでいろんな一般人の情報が見られます。その人の生き方に憧れ、そしていつしかその人のようになりたいと思い始めて、考えや生き方を真似するようになります。SNSで「見える世界」は、それはそれは憧れるような世界です。距離感をしっかり保って見ていないと、危険です。

ある時、友人が言ってくれた一言で私はハッとしました。「**憧れるのはいいけど、自分との〝違い〟はしっかりわかってないといけないよ**」と。そんな方たちの多くは「私にできたんだからあなたにもできる！」と言います（すみません、私も言っていました）。自分と同じような境遇から自由になっている、芸能人のように遠い存在でもなく、より身近な一般の人であるという事実が、「自分もそうなれるかも」と思わせ、行動を真似したくなります。でも、その人と自分は、何もかも〝違う〟のです。家族構成も、性格も趣味も収入の得方だって。もしかすると、その人は独身で自由にあちこちを飛び回って、自由に楽しもうと言っているかもしれない。子どもがいるママが同じようにすることは、1度や2度ならできるけど、いつでも自由にというわけにはいかない。〝違い〟を理解していないから、同じようにしようと家族との衝突や軋轢を生んで、家庭が壊れそうになった友人や、実際に離婚してしまう人たちも見てきました。

それは本当にやりたかったことなのでしょうか。スタートは、もっと家族との時間が欲しい、家族と旅行に行けるお金が欲しい、自分で自由になる時間とお金が欲しい、そんなところだったと思うんですね。家族を失ってもいいから自由になりたい！ なんて人はあまりいないはずです。それが、同じになろうとするあまり、本当にそれが目的だったの？ という方向に進んでいく人もいます。憧れるのはいいけれど、自分との違いはしっかりわかった上で「情報」を楽しまないといけません。

お金を「出せば入る」わけではない

真面目にがんばってきたがんばり屋さんは、私も含めある意味世間知らずで情報弱者です。そういう人ほどスピリチュアルにハマりやすいと思います。さらに真面目であるがゆえに、教えを一所懸命守ろうとします。

スピリチュアルな界隈でよく聞く言葉がもう一つ、「出せば入る」というものです。お金は出せば入る、出さなきゃ入らない。ケチったり節約していてはダメというようなニュアンスのことを言われます。いや、もしかするとそんな意味で言っているのではないかもしれないけれど、額面通りに受け取って、散財するようになります。それまでの反動のように。

これもそこを通ってきたからわかりますが、「出せば入る」と言う方は、まず、会社員ではなく個人事業主として開業していたり、法人としての事業をやっています。設備投資や何かしらセミナーや商品を提供するのにお金をかけて準備して提供すれば、収入として入ってくるのは当たり前です。これを言っている方は、ある程度買ってくれるファンと言われる人たちが付いている人なので、成り立つ話です。月給の決まっている会社員が出したとて、基本的に入ってくるのは決まった給料だけです。

あと、うがった見方をすれば、「出せば入る」とけしかけて自分のファンやお客さんにお金を出させようとしている場合もあります。狙って手法としてやっている人もいれば、本心で言っている人もいます。この場合も大切なのが、〝違い〟を知るということです。お金の入り口が自分とは違うかもしれない、何かしらの不労所得を得ているかもしれない、もしかして代々土地などの資産を持った人かもしれない。ここまで書くとひねくれすぎている気もしますが、これぐらい、自分とは違う人と距離感を保った上で楽しむ分にはいいと思います。

ちなみに、私は、この業界で教えを忠実に守り、貯金と退職金をウン百万失いました。「出せば入るっていったや〜ん！」という気持ちですが、まぁ、いい勉強でした。

とはいえ、このスピリチュアルな業界のすべてを否定しているわけではありません。ここで出会って仲良くなった人、今もいい関係が続いている人もたくさんいます。これまでの生活の中では出会えなかった人とつながれたことは、今でも私の財産です。相手が騙そうとしてきていると思うより、受け取る側がちゃんと判断すればよいのだと思います。

もちろん、自分が体験した良い変化を一所懸命伝えようとしてくれている人もたくさんいます。情報に対する距離感を保つことと、その人と自分は違うという自覚をしっかり持って情報に触れることをおすすめします。私とあなたも違いますからね！

本書の内容は、自分の生活の中で活かせそうなところを使ってほしいと思います。

2　高額セミナーの落とし穴にはまらない方法

私のように自覚のないがんばり屋さんで、社会で一所懸命に働いてきたり、今に満ち足りなさを感じたりしている女性やママさんは、働き方や自分らしさを求めてさまよっています。私もさまよいながら、出会った方法が「高額セミナー」というものでした。

高額セミナーは読んで字のごとく、高い金額のセミナーです。私が出会ったものでは、1日25万円のものから、半年で100万円などもありました。もっと高いものも世の中にはあると思います。看護の研修でさえ、3万円もすれば「高っ！」と思っていたのに、不思議なことに段々感覚が麻痺してくるんですね。いきなりこの金額を聞いて、参加したい！　とはなかなか思えないと思いますが、そこには買いたくなる(買いたい気持ちにさせる)「しかけ（方法）」があるのです。私は、買う側も売る側も体験したので、それぞれの視点からお伝えしたいと思います。

高額セミナーを「買う」側になる

世間知らずな私は、もちろんそんなものまったく知らなかったので、その「しかけ」にちゃんと乗って買っていました。「しかけ」と言ったって、騙しているわけでも詐欺でもありません(やや脅しめいているものもありますが……)。消費者の心理をうまく活用したマーケティングモデルでもあるのです。

高額セミナーがすべて悪いわけではありません。自分に必要だと「正常に」判断できて、必要なお金が十分にあって、結果が必ず出せると見込んでいれば購入すればいいのです。しかし、正常に判断しがたい状態だったり、売る側の話の運び方だったりで、買ってしまうこともあるのでここでお伝えしたいと思ったのです。

まず、無料~1万円未満でセミナーが開催されます。そこで、おおよそ個別セッション(相談)が基本的に無料で提案されます。親身に話を聞いてくれて、自分の悩みやなりたい方向性に必要なものを提案してくれます。それが、3か月や半年、1年かけての長期講座で数十万円します。

だからと言って買わないでしょ、と思うかもしれませんが、これが買ってしまうんです。そもそも何かしらの〝悩み〟を持って、最初のセミナーに参加しています。その時点である意味弱い立場です。その状態の人が、この講座に参加して半年かけて学べば解決できる! 変われるよ! と言われるわけです。変わりたいと藁をもつかむ思いです。

そして、実は「こう言われたらこう言うというような営業シナリオ」がちゃんとあって、悪い言い方をしたら逃げ切れないのです。毅然とした態度で断ればいいと思うでしょうが、何かに悩んで参加しているわけです。断れるような意志の強さがあれば、そもそも参加していません。ちなみに、「今はお金が……」「夫に相談してみないと……」「今は時間に余裕がなくて……」と言っても、それぞれに対応するシナリオがありますので、基本的に**断る理由は全部潰されていきます**。

入り口が入りやすいものは、受ける側も距離を保ち、理解した上で検討したほうがいいです。ここだけの話、「行きはよいよい、帰りは怖い～♪」な世界です。

また、見抜く方法というと語弊がありますが、情報の出し惜しみをされる場合は、その後に控えている高額セミナーがあると思ってよいです。「ここからは有料の講座でお伝えします」と言われるものが多いです。そして、早い決断を迫られます。考える猶予はなく、やりたくなったらその時にどうぞなんて基本的には言いません。「3日後までにお返事ください」とか、「今日から3日間のうちにお申込みの方は、通常15万円のところ10万円で特別にご提供します」など、考える余地や周囲の人に相談する余地を与えてもらえないことが多いです。私がそう思うだけで、この短期間で区切る理由は他にあるかもしれませんが、**とにかく早く決断をさせようとしてきます**。

私も言っていたことがあるので猛省していますが、時には「今決められない人はこの先もずっと変われません!」なんて言われたりします。弱って悩んでいる人にはグサッとくるフレーズですが、大丈夫です。ちゃんと、自分が変わりたい時に変われます。この煽りに乗って進んだ先に、本来欲しかった結果がどれぐらい出ているのかなと思います。

この手のものはセミナー系が多く、起業系のセミナーなどは、起業できなくても起業してうまくいかなくても、基本的には自分のがんばりが足りなかった、と**受ける側の問題**とされて終わってしまいます。

高額セミナーを「売る」側になる

なぜ私が、この内情をよく知っているかというと、「売る」側になろうとしたことがあるからです。「買う」側で書いた内容を、「売る」側として私にはできないと思ったから、売る前にやめてしまったのです。

女性やママが起業してすぐに〝結果〟(売上)を出そうと思ったら、この高額セミナーを売る手法を取ることがよくあります。1000円のものを売って30万円の売上を上げようと思ったら、単純に３００個売らないといけません。起業したばかりで、まだ知られていない商品を３００個買っていただくって、なかなか難しい話です。しかし、１講座30万円のセミナーであれば１人に売れればいいのです。２人に売れたら60万円です！　その効率性や集客のしやすさを考えた時に、高額セミナーを商品にしようと思う人は多いのです。しかも、「お金はないです」と言ったって、簡単に出せるお金がないだけで、大半の人が家族としての貯金などがあると言えばあるのが、起業を目指すママさんや女性の特徴なので、しっかりお客さんになりやすいのです。

私も「１人に売れれば30万円♪」を夢見たタイプです。しかし、現実はそんなに甘くはありません。できないタイプの人もいるのです。もちろん高額セミナーを売ることができる人もいて、それまでの経験や性格も影響していると思います。

なぜ、私にはできなかったのか、それをずっと考えていました。それは「営業」をやったことがあるかどうかが鍵になる気がします。そもそも、起業して世間的に成功していると言われる人を見ると、前職が営業だったり、家族や親族が自営業をしていたりと、間近で商売を見たりやったりの経験があることが多いです。私は、父親は会社員、母親は看護師です。当時、親族にも近しい人には自営業の人はいませんでした。

「売る」側になったことがまったくなかったのです。超消費者です。

「営業」の感覚がある方って、売り方が違います。いかにその商品が目の前にいる「あなたのためになるか」という視点で売り込んできます。とある営業に関する本を読んで驚いたことがあります。自社の商品は壊れやすいというマイナスポイントがあるが、「それよりも悪い商品を売りつけられて買ってしまうより、今この商品を買ったほうがこのお客さんにとって幸せだ」と心底思って売るらしいのです。頭では理解はできますが、超消費者目線の私は、壊れやすいと知ってて売るの？　と思ってしまうわけです。

たしかにこの世の中には、完璧なものなんてありません。しかし、せめて壊れやすいとか致命的な欠点のないものを売りたい……。その思考だから私は営業がとても苦手です。裏話ですが、1000人の受講生のうち1人でも月収100万円が出たら、「この講座を受けたら月収100万円の暮らしができます！」と宣伝する高額セミナーもあるようですよ。

つまり何が言いたいかというと、高額セミナーを「売る」ことが案外とマッチする人もいるかもしれません。しかし、稼げるという思惑で高額を出して学びに行っても、この**営業の視点を持ち合わせていないと、なかなか売ることはできず、思った結果を出せないことが多分にある**ということです。あくまでも私の肌感覚ですが、起業系セミナーに20人いたとして、そのうち1人ぐらいが高額セミナーを売ることができる人だという気がします。

いわゆる高額セミナーという世界って、こんなところです。もちろんダメとは言いません。しかし、私のように商売の世界のド素人が簡単に結果を出せる世界ではないということをお伝えします。

こんな経験をしてきた私が今セミナーに参加するなら、明らかに実用性があるもので、必要があれば出しますが、そうでなければ無料の範囲で十分です。世の中には、本だってたくさんあります。そして後の章でも紹介しますが、起業を考え、始める人向けには、官公庁のサポートがかなり充実していますので、まずはそれらで十分だと思います。どう結果が出るかわからないものに、貴重なお金を使うのは、本当に慎重に判断くださいね。

3 沼にハマるな！　SNSの世界

今ではもはや当たり前になったSNSという情報ツール。私自身、ずっとSNSをやっていたわけではありません。看護師のころはFacebookさえやっていなかったのです。2016年、三男の育休中にあるオンラインの料理教室に参加したくて、それがFacebookを使ったものだったので、恐る恐る始めたクチです。

今ではビジネスにもSNSをとても活用していますが、案外とアカウントはあるけどそんなに見ていないという人もいます。SNSの世界にいると、SNSがない世界などあり得ないと思うのですが、実はそうでない人も現実の世界にはたくさんいます。SNSを活用してビジネスを始めることに関しては、SNS起業という言葉も出てきたぐらい、主婦が顔出しせずに手軽に簡単にできるというイメージがあります。しかし、SNSの世界に免疫のない人がこの世界に入ると、慣れていないがゆえに距離感のつかみ方がわからず、沼にハマることがあります。**SNSの世界がすべてになるの**

です。

「〝みんなが〟そう言っている」気がする

SNSの特徴を表わしたエコーチェンバー現象、フィルターバブルという言葉をご存じですか？

エコーチェンバー現象は、「自分と似た興味関心を持つユーザーをフォローした結果、意見をSNSで発信すると自分と似た意見が返ってくるという状況を、閉じた小部屋で音が反響する物理現象に例えたもの」*1です。

またフィルターバブルとは、「アルゴリズムがネット利用者個人の検索履歴やクリック履歴を分析し学習することで、個々のユーザーにとって望むと望まざるとにかかわらず見たい情報が優先的に表示され、利用者の観点に合わない情報からは隔離され、自身の考え方や価値観の『バブル（泡）』の中に孤立するという情報環境」*1を言います。

つまり、SNSの世界では「自分が良いと思うもの〝だけ〟」が世界のすべてとなりやすいのです。起業に興味があって検索すると、ママ起業、女性起業、SNS起業、起業スクールなどなど自分の属性に合う情報をたくさん目にするようになり、「みんな言っている」「みんなやってる」と感じるようになっていくのです。

しかも、そこで成功したという人を何人か見たとします。何人かと言っても、2人や3人かもしれません。それでも「やった人がいっぱい成功している」という感覚になるのです。日本全体で見ると1億2千万人の2人か3人ですが、SNSの世界だと急に視野が狭くなって「みんな成功した」と見えてくるから不思議です。

偶然やたまたま、それこそその人のもっている背景など、成功する要素が多いにある2人～3人かもしれません。そのごく少数の成功体験をその通りにやればうまくいくんだ！　と思い込んでしまいがちな点もSNSの世界の特徴です。

そして、見せる側も意図的にそう見せています。その陰には、うまくいかなかった人が数え切れないほどいるはずですが、もちろんその情報はほぼ見えません。

知られていないのはないのと同じ

「知られていないのはないのと同じ」という言葉があります。たしかに知らないということは、自分の中に存在すらないのです。なので、SNSを使って起業しようと思った時、まずは知られる努力をします。インスタグラムであれば、見られる投稿を発信したり、フォローをして認知してもらおうとしたり。

最近では短期間で話題を集め、多くのいいね！　をもらって一気に認知が広がり、フォロワーが増えることを〝バズる〟と言います。いろいろな方の発信を観察していると、バズらせる一定の方法があるように思います。投稿自体は10個もないのに、フォロワーが万単位で増えているアカウントなどを見ると「すごい」と思うより、どんな方法、どんなSNS代行をつけているんだろうと見てしまうのは、私の悪い癖です。

バズらせることで稼ぐ仕組みは、フォロワーが増えて投稿を見てくれる人が増え、認知されることで自分のサービスに集客していく方法と、企業からの広告案件で広告料をもらう方法があります。企業側も、影響力があってすでにそこにお客さんがついている人、つまり何万人もフォロワーがいる人に案件の依頼をしていきます。

普通の主婦だけれど何万人もフォロワーがいるという人もたくさんいます。それを見ていると、自分もそうなれるかも、なりたい、まずは認知されなきゃとバズる投稿に力を入れ始めます。

ご多分に漏れず私がそうでした。インスタグラムのリールはバズりやすい、おすすめに上がりやすいという情報を得て、リール投稿をがんばっていた時期があります。どうしたらバズるかを考え続け、インスタ運用の情報発信をしている方の情報を研究していました。何十万円かを払って、インスタ運用のコンサルを受ける寸前のところまで行きましたが、ふと我に返ったんです。リールをバズらせることが目的なんだっけ？　と。大もとの目的は、**認知を広げること**です。**まだ情報が届いていない人に届ける。私の商品を知ってもらう機会を増やすこと**。

バズっている人の情報ばかり見ていたら、自分もそうしなきゃと本来の目的と違うところにお金を注いで進もうとしていました。バズらせることが目的でももちろんいいんですが、私の場合は目的が違うのに、情報のバブルの中で「そうしなきゃ」と夢中になっていました。これがある意味、ＳＮＳの沼だと思います。

見慣れて、付き合い方がわかってくると「ここは沼だな」とわかるようになります。距離を置いた〝見もの〟として楽しめるようになりますが、慣れない人が飛び込むと情報に翻弄されるようになります。そうならないようにするためには、**ＳＮＳをやっていない家族や友人と定期的に話してバランスを取ること**です。

ＳＮＳの中には、先でも説明したエコーチェンバー現象によって、自分と似た興味関心の人ばかり集まる、目に見えないコミュニティが存在します。そこのコミュニティでは、阿吽の呼吸で話が通じます。それがまた楽しく、新たなつながりが生まれ、新しい世界に飛び込めた感があって嬉しいものです。しかも、身近な範囲だけでなく全国、それどころか世界中の人とつながれるので、すごい世界にいると錯覚もしがちです。

一方で、そのコミュニティ以外では、話が合わなくなったりします。自分にとって「当たり前」の情報が、一歩コミュニティを出ると通じないのでおもしろくありません。そこで、「もう合わなくなった」と関係を断ってしまうことも、ＳＮＳの沼です。沼にいる時は、話の合わない人と話したくもなくなるものですが、「聞く耳」だけは残しておいてほしいのです。

実は、スピリチュアル系の世界から目が覚めたのは、自分が思っていた「当たり前」と正反対の情報をたまたま見たことがきっかけでした。そこから、どちらの情報も見るようになり、最終的に偏った狭い世界にいたと目が覚めて今に至ります。

今、私は看護の仕事もしていますが、看護の世界で、私の世界で「当たり前」の話をしても、思った反応が得られない時があります。そのたびに気づくのです。「これはどこでも通用する話ではなかった」と。看護の世界にいる人に「わかってないな～」と思うわけではなく、いつもハッとさせられて、自分の中でバランスを取るようにしています。

自分で事業をしていると、自分の考えだけになりがちです。でもこうして、雇われて働いていることで社会の一般感覚も忘れずにいられることは、とても貴重です。**私の商品を買ってくださるお客さんは、SNSの世界だけにいるわけではありません。**私の「当たり前」では届かないところにいる人もいます。そういう意味で、起業をしながら雇用されて働くという選択は、いろんな立場のお客様目線にいつも立ち返らせてくれるのでとても良いと思っています。

SNSは貴重で便利なツールですが、間違えてハマれば大きな沼です。適度に適切に「活用」できるように、使う側の姿勢が問われるものでもあります。特に起業を目指してSNSの世界に初めて飛び込むような女性やママさんにはこの「沼」の存在を声を大にして伝えておきたいと思います。

*1 総務省 令和元年版 情報通信白書

4 楽してすぐに結果は出ないと心得る

前項でも書いたように、早く認知されて結果を出そうとするからバズらせようとエネルギーを注ぐ。そもそも現代人は待てません。ネットだって、ページが開くのに30秒も待てません。押せばパっと欲しいものが手に入る、その感覚に慣れ過ぎました。起業にしても、早く結果が出るものを探します。それもなるべく大変な思いをすることがないように。もちろん、私もそうです。結果がすぐに出てほしいタイプ。起業した当初、それを夢見ていました。年単位で考えるとか、○年後にはこれぐらいの売上に成長するとか、待てない！　今すぐその結果が欲しい！　と思っていました。

しかし、実際はそんなに甘くありませんでした。運よく商品がすぐに売れましたが、決して〝楽して〟とはほど遠く、けっこう泥臭く時間と労力をかけてやって、6年経つからスムーズにできる方法が確立できたというのもあります。年単位というと長く感じるけれど、振り返れば6年なんてあっという間でした。あのころの何年か後に今立っています。先は長いと思っていたけれど、この期間、私はどんな生き方、向き合い方をしていただろうと、最近よく思います。

継続は信用につながる

近所におそらく20年以上、いやもっと前からあるかもしれない喫茶店があります。カフェではありません。喫茶店です。たまにモーニングに行きますが、この間久しぶりに行って、あらためて見ると「変わらないそのまま」なのです。値段こそ変わっているかもしれませんが、店員さんもメニューもお店の雰囲気も、ずっと同じなんです。そして、ひっきりなしにお客さんがやって来て、いつも満席です。すぐに結果や変化、新しいものが欲しくなる私は、その〝すごさ〟をひしひしと感じてしまいました。

というのも、私はすぐに結果が出ないとやめたり、次のことをしたりと、ダシこそずっと売っていますが、けっこうやっていることが変わってきたんですね。それでいいと思っていたし、お客さんのことよりも自分が中心で考えていました（反省）。

でも、この6年を振り返り、地に足がついて周りを見渡してみた時に、**継続って**

「信用」につながると気づいたのです。ずっと変わらずにいてくれることには安心感があります。逆に、すぐ消えるかもしれない、すぐやめるかもしれないと、なんだか見ている側としてもそわそわしませんか？

実は、「それ稼ぎになる？」と失礼ながら思っていた方がいました（ごめんなさい！）。私がスピリチュアル方面などをさ迷っている間、ずっと同じことを続けていらっしゃったようで、最近では認知も広がりいろいろなイベントに呼ばれているようです。もちろん、改善は重ねていると思いますが、基本的にされていることは同じです。たかが6年、されど6年。継続で「信用」が積み上げられた結果だと思いました。

急がば回れ。物事にはタイミングがある

パッと付いたファンは、パッと離れます。これは実体験でそう感じています。パッと付いてくださった時に、ギュッと離さない戦略を準備しておくべきだったと今となっては思いますが、何もしなければ離れます。

それと比べて、実際にイベントに参加してくれたり、会ってお話ししたり、商品を気に入って食べてくれたり、お友達に勧めてくれたりしている方は、ずっと応援して

くれます。商品を使う・使わないにかかわらず、応援してくれているのを感じます。後の章でも書きますが、私はここを軽く見過ぎていました。一人一人に丁寧に届ける気持ちで、〝急がば回れ〟が結局数年後に安定した結果を生み出すように思います。

ちなみに、今回本を出版できることになってこうして書いていますが、本を出したいというのは、起業当初から、いやもっと前、子どものころからの夢でした。しかし、起業当初ではたぶんこうしてまとまった経験を書けることはなかったように思います。この6年間の経験があるからこうして今、書く機会に恵まれました。

物事には、「機が熟す」時がある気がしています。ある時を境に、物事がうまく動き出す瞬間があります。何事もすぐには結果が出ないこともある。すぐに結果を出そうとすると判断を誤るので、ゆっくりでも確実に積み上げていくことを目指して一歩一歩進んでいこうと、肝に銘じています。

5 家族の理解は最大の味方

今でこそ、応援してくれて一番のお客さんになってくれている家族ですが、実は起業しようと考えたころ、盛大に揉めました。揉めた相手は、私の母。夫は最初のころから、反対ややめたほうがいいなどいうことは、これまで一度も言うことなく、ずっと応援してくれています（たぶん笑）。起業しようとすると、家族の理解が得られなくて断念する人もいるぐらいです。まず私が母と盛大に揉めたお話をします。

私の母は私と同じ看護師で、母が看護師だったから私も目指した部分が大きいです。子どものころから「手に職をつける」ことを言われて育ちました。母自身、看護師として手に職をつけ、その職に助けられた部分が大きかったのだと思います。

私がスピリチュアルな考えに傾倒し、人にはこの世に生まれ持った使命があって、看護師を辞めて、使命を生きたいと言った時、「何を言っているの!?」と、とうてい受け入れられない様子でした（そりゃそうです）。「あなたの言っていることはよくわからない。まるで宗教。久美子が変わってしまった。あなたの使命は、看護師を続けて子どもを立派に育て上げること!!」と言われたのを今でも鮮明に覚えています。私も私で、「なんでわかってくれないの!?」と泣きわめき、今思えば遅くきた反抗期です。大人になっての反抗期はたちが悪いなと今振り返って思います。とにかくこれまでにないぐらい揉めました。

その話を別の部屋で聞いていた夫が後でぽつりと言ったことが今でも忘れられません。「久美子は、お母さんに依存しているよ。自分でも自信がないから、お母さんにいいんじゃないって言ってほしい、お母さんの許可が欲しいんでしょ」と言われたのです。

一瞬意味がわかりませんでした。が、数秒後には、ハンマーで頭を殴られた気分でした。その時37歳。私も曲がりなりにも人の親で、社会の中でも働いていて、十分年齢だっていっている……その私がお母さんから自立できていないという事実、その衝撃たるや!!　ご理解いただけますか!!　恥ずかしいのと情けないのとで、すごくかっこ悪いと思いました。しかも自分の家族である夫もいるのに、夫ではなく母に許可を求めていた私。いや、そもそも許可を得る必要なんてないのですが、結局は自分で決められない甘さがある状態で計画性もなく起業したのですから、反対されて当然です。すべてにおいて私は、〝幼稚〟でした。母にはその後、農業をやりながら教室をやったりするともう一度説明し、しぶしぶ納得してもらったという形です。納得なんてしていないと思いますが。母としては看護師を辞めるなんてもったいない、孫たちがちゃんと育つか心配という想いがあったようです。今なら母の気持ちが痛いほどわかります。

その盛大な揉めごとから半年ぐらいしたころに現在のダシの販売を始めて、それが軌道に乗ったこと、世間から見ても「使命を生きる！」より、健康に良いダシを売っているほうが健全（？）であることで、安心したのでしょう。今では一番のお客さんになってくれています。実家は車で2時間半の距離ではありますが、何かあれば来て子どもたちの面倒を見るなど、助けてくれています。

自分の「一度きりの人生」の決断を受け入れる周囲の人も「一度きりの人生」を生きている

自分の人生だから自由に生きていい！　と言ったって、やっぱり家族が応援してくれているのと反対して関係が悪くなっている状態とでは、自分自身の精神状態が違います。母にとっても青天の霹靂だったと思います。

占い師のゲッターズ飯田さんの至極全うな考えが好きなのですが、ある時こんな風に書かれていました。「『たった一度の人生だから』と言って好きに生きるのも良いが、相手も周囲も一度の人生だと忘れてはいけない」。まさにそれです。スピリチュアルにハマると、「一度きりの人生を自由に生きる！」となりがちですが、それを受け取る周囲の家族にとっても大切な人生の時間です。人を蔑ろにして自分の好きに生きるのは違うと、今は思います。

そして、母に言われた「あなたの使命は、子どもたちを立派に育て上げること!!」という言葉。当時は反発しましたが、今はそれ以上に私が大切にすべきことはないと思えるぐらい、そう思います。子どもたちが元気で、温かいご飯が食べられて家があって……そのありがたさや尊さに慣れてしまって、もっともっと違う何かを求めていたように思います。

今は、子どもたちと夫と家族で幸せに笑える瞬間のために、私は仕事をしています。それが使命でなくたって、まったく問題ありません。使命があるのかないのか、もはやや知らないけれど、私にとって大切なものは家族です。この大切な家族を壊してしまう前に気づけて良かったと心底思っています。

家族に応援してもらえるようになるには、やはり少しずつ〝結果〟と〝実績〟を見せていくことです。そのためにも、起業一本！　と退路を断つようなことはせず、少しずつ時間をかけてシフトチェンジをしていくのが良いと、手痛く揉めた私は思います。

6 子どもの体操服買い渋りで目が覚めた

――起業ママが見失う「働く目的」

起業して6年、この間何度も「今自分は何をやっているのだろう？」と、当初の目的でないことに全力を注いでしまい、目的がいつの間にかすり替わるという体験をしてきました。「何のために」今それをやっているのか、常に立ち位置を確認しながらいることが必要だと身に染みて感じています。

では、ここで一番目が覚めた「何やってたんだ事件」を紹介します。

今、私は、ダシを作って売っています。世の中はもので溢れ、同じような商品は山のようにあります。その中で、どのように商品を選んで購入まで行きつくか。値段、味、好み、デザイン等の何らかのポイントがあって、コレ！ というものを購入しているはずです。その中でも、〝作り手〟や〝作り手のストーリー〟が見えると、応援したくなって買いたくなりませんか？

私の商品がまさにそれで、私の生き方や看護師からダシ屋になったきっかけ（子どもの不登校）が共感されて広がった商品だと思っています。〝作り手が見えると応援したくなる〟、ここがインプットされた私は「自分」を知ってもらうことに夢中になります。自分のファンを作ろうといつの間にか一所懸命になっていました。いわゆるファンビジネスです。〝この商品がいいから〟ではなく、〝この人の商品だから買いたい〟という状況を作ろうとしたのです。

ビジネスを学びに参加したはずのセミナーやイベントで、影響力のある人に紹介されればもっと「自分」が知られると「自分が尖っていく」ことに力を注いでいました。そのコミュニティの中で販売される商品を買い、「出せば入る」精神も相まって、認知されることと「自分」に多くのお金を使い、県外のイベントにも多数参加しました。

自分がしていることの目的を常に意識する

そんなある時、当時小学生だった長男と次男が、体操服が小さくなったから買ってほしいと2人が同時に言ってきたのです。学校の体操服ってやたら高いんですよね。さらに冬用の上下だと、1人分でざっと1万円、2人で2万円です。体操服に2万円！（しかもすぐサイズアウトするのに……）。そういう思いもあって、「まだ着れるでしょー！」とか「学校そんなに行かないのにいる!?」（長男とはこういう話をオープンにできる状況でした）と、体操服を買い渋って、先延ばしにしていたのです。体操服だけではありません。もっと小さなものも、子どもが言うものはけっこう後回しにしていました。もちろん、子どもはすぐに「買って」と言うものなので、全部応えていたらキリがないからというのもありますが。

ここで「あれ？」と思ったんですね。「自分」がセミナーやイベントに参加するお金はどうとでも工面するのに、なぜ子どもの必要なものを出し渋っているんだろう？と。子どもたちとの時間を確保して豊かに幸せに暮らすために起業したのに……その子どもたちの必要なものを買い渋る私。なんかおかしい……。

ＳＮＳの項でも書きました。**目の前のことに一所懸命になっていると、目的がいつのまにかすり替わっているということがよく起こります。**自分が有名になることが目的ではなかったはずです。自分自体を売っていくビジネスももちろんあります。だけどこれ、起業ママ・女性によくある現象のように思います。ビジネスを広げる方法を学ぶために何らかのコミュニティに参加したはずが、コミュニティ内で認知されることに力を注いでいるということがよくあるのです。

本当にすべきは、**自分の商品の良さを地道に伝え続けること**です。私が「自分」に夢中になっている間、本業のダシは二の次となってしまっていたのは、恥ずかしながら事実です。製造・出荷にはもちろん手は抜いていませんが、商品自体を広げるためにそれを伝え続ける行動や、商品自体に力を注ぐ時間は圧倒的に少なかった。これに気づいた時は愕然としました。

私の起業人生は、自分の行動に愕然とすることばかりです。いつも何かに突っ走って、全力を注ぎ、ハタと目が覚めることの繰り返しです。何度もやっているのでいい加減わかってきましたが、それでも私のすべきことの「中心軸」を常に確認しておかないと、目的を見失いがちになるのが、一人でやっている起業の特徴のような気がします。私のように、起業ママは何のために働いているのかを見失いやすいと心に留めておいてください。

3章

何を売る？
――商品づくり

1 友人の「それ売って!」から始まった商品の販売

ここまでは、「起業」という働き方の話や、起業をするならここに気を付けて! という私の失敗談などをお伝えしてきました。ここからは、「起業」を働き方の一つと考えるにあたり、私の経験をもとに、「商品づくり」、「宣伝・販路開拓」、ビジネスにまつわる「お金」のこと、ビジネスをする上で必要な「マインド」について、各章で具体的にお伝えしたいと思います。

私がダシを売り始めた経緯

1章でも書きましたが、現在、私は、ダシ屋をしています。いりことトビウオと昆布をガー!! っと、粉末状にした素材だけの和風のおダシと、そのダシを使ったふりかけを販売しています。

もともと、添加物が気になっていた時に、ずっと良いダシを探していました。〝無添加ダシ〟とされているものも使いましたが、当時の私が思うような、素材だけのものはなく、何かしら〝うま味〟が足されていて、個人的に「おいしい！」と思えるものには出会えませんでした。

いりこからダシを取ってもみましたが、まず手間がかかる。その上、ダシを取った後の出がらしがもったいなくて。そのまま捨てるのは忍びない。佃煮でも作ろうと、出がらしを冷凍しておいたものの、ラップからこぼれて冷凍庫の中でバラバラに散らばっている……。ストレスです。水ダシならば！ と、昆布にいりこに干しシイタケを水につけて冷蔵庫に入れておくだけという方法も試しました。しかし、水ダシを仕込んだ時に限ってお味噌汁を作らなかったり、外食をしたりと使うタイミングを逃し、気づけば昆布のトロミなのか腐ってトロッとしているのかわからない状態。

この間1年ほど。私は本当に「ダシ」に悩みを抱えて、コレ!! というダシに出会えず、いわば〝ダシ難民〟だったのです。

そんな時、とあるミネラルの講演会に参加しました。ミネラルが子どもたちの成長や発達に良いというようなお話でした。その中で、いりこやトビウオ、かつお節などをミルでふりかけにしていろいろな料理にかけるといいと言われていたんですね。そこで閃いたんです!! 「そうか！ 好きな素材を選んで粉にしてしまえば、ゴミも出なくて全部食べられる!!」と。さっそく、近所のスーパーで酸化防止剤を使用していないいりこと昆布を買い、別の産直市でトビウオの煮干しを買いました。幸いにも、トビウオは島根県の「県魚」！ 他県ではなかなか手に入らないと言われていますが、家の近所の産直市にあるのを知っていたんです（余談ですが、トビウオは魚の中でもミネラルがとても多いそうです）。そんなこんなで、いつかのビンゴの景品か何かでもらったミキサーを引っ張り出して、それについている小さなミルを使って、素材を粉々にしてダシを作ったのでした。

食べてみるとおいしい。求めていたのはコレだ！ と思いました。ゴミも出ないし、全部食べられるから栄養もまるごと摂れる。そこからお味噌汁はもちろん、煮物を作る時、きんぴらを作る時となんでも振り入れて使いました。しかも、このダシを使うと不思議と料理がおいしくなる！ 料理は苦手ではなく、むしろ得意だったんですが、いつもなんとなくで作るので味にばらつきがあり、物足りない時もありました。それが、味がグッと決まるので、なんだかお料理上手になった気にさえなりました。

そんなダシを、当時一緒に農業をしたり、イベントをしている仲間とご飯を持ち寄る時のおかずに使ったりして、便利でおいしいからみんなも作るといいよって紹介していました。「素材はどこどこで買って、ミキサーのミルで……」と。ちなみに私はかなりズボラです。〝ダシを手作り〟というと、さぞいろいろなものを丁寧に手作りするんだろうと思うかもしれませんが、かなり面倒くさがりでおおざっぱです。しかし、ダシに対してストレスを感じすぎていたがゆえに、ミルでガー!! っとするだけでおいしいダシができるのは、私にとってはなんてことない労力だったのです。

そのダシを、友人が「売ってほしい！」と言ってくれたんですね。しかも立て続けに2～3人に言われました。私はこんなに簡単にできるんだから、自分でできるよ！ と聞き流していました。売るほどのものでないと。素材を買ってガー!! っと粉にするだけです。「昔はおばあちゃんがよく作ってたわ」なんてことも聞くような家庭で作っているダシです。

保健所への軽い気持ちの電話が運命を変えた

そもそも食品を売るなんて、まったく頭にありませんでしたし、看護師という職業柄か、食品を扱うのは一番やりたくないことでした。衛生管理とか食中毒とかいろいろ、関わりたくないことだらけだったのです。その上、私には「食」に関する何の資格もありません。調理師でも栄養士でもありません。ただ、料理が好きで、おいしいものが好きな食いしん坊なだけです。この私がダシを売るなんて……。食品を売るなら許可もいるし、設備も必要だし、そんなお金ないし……と思っていました。やらない理由は当たり前のごとく、山のようにあります。

しかし、そんなに立て続けに言われるならばと、ふと市町村の食品販売の営業許可の情報をネットで調べたんです。すると、販売するのに許可が必要ない食品もあるらしいことはわかりましたが、このダシがそれに該当するのかわかりません。思い立って、保健所にその場で電話してみました。そんな所に電話するのさえ初めてです。「えっと、いりことトビウオと昆布を粉にしたダシなんですが……」と商品名もないものをしどろもどろで説明します。すると、対応してくださった担当の方が、いとも簡単に「それであれば、許可は必要ないので、販売していただいてかまいませんよ」と言われたんです。拍子抜けです。「え!! 販売できるんですか!?」と思わず言っていました。担当の方は、「はい、どうぞ」と淡々としていました（笑）。

食品を販売するには、すごいハードルがたくさんあると思っていたのに、びっくりです。ただし、作る環境を整えることや、表示をきちんとする必要があること、賞味期限の設定の仕方などを教えてくださいました。その時に対応してくださった方を私は「神」だと思いました（先方は普通にお仕事として対応されただけですが）。あの方の一言がなかったら、今私はどうしているのかわかりません。こうして、ダシを販売することになったのです。

さらに、後に書く「商品のタネの見つけ方」にもつながる話ですが、まったくダシを売りたいとも思っていなくて、売る気もなくて、なんなら「売りたくない」と思っていたのに、この保健所の方との電話を切った後、涙が止まらなくなったのです。これは本当に不思議な体験でした。まったく高い志もなく、このダシで誰かを救おうなんて微塵も思っていなかったのに、なぜかこのダシで笑顔になるお母さんたちの顔が次々に浮かんできて、これで救われるお母さんたちがいると思ったのでした。この時の話を友人にすると「情緒不安定だっただけ」と言われますが（笑）、私にとっては見えない何かからのメッセージのようでした（さすがスピリチュアル好き!!）。

これは2018年当時のお話です。法律の改正により、私のダシを含む水産製品製造業は営業許可が必要となったことから、必要な設備の改修も行なって、2023年9月に営業許可を取得しました。

2 知識ゼロ、経験ゼロ、計画性ゼロ、人脈ゼロで始めた物販の世界

高い志もなく、計画性もなく、突如目の前に開かれた「ダシを売る」という世界。起業してセミナーなどをやって収入を得ていこうとは考えていましたが、形のある「商品」をどうやって作るのか、どうやって売るのか、まったくわかりません。

超消費者だったので、普段の生活で手にするような「商品」を作る側の視点などなく、目の前に来る課題や問題に一つひとつ対応していって、今があるという感じです。

もちろん、経験もゼロです。私の職業経験は、看護師しかありません。学生時代、長くコンビニのバイトをしていましたが、それはあくまで〝店員〟としてです。営業の

方法や、それどころか、一般社会で必要とされるビジネスマナーもほぼ知らないに等しいレベル。実際、最初のころ、領収書は誰が誰に渡すものなのかさえ知りませんでした（笑）。請求書を作るなんてもってのほかというレベルで意味がわかりません。「上代」とか、「下代」とか、チンプンカンプンでした。

人脈だって、もちろんゼロです。看護・医療の世界はある意味、狭く閉鎖的です。知り合いは医療関係の人がほとんどで、大学の同級生や友人も同じ医療系にいるので、ほかの仕事をしている人と関わることは、基本的にありません。こんなゼロだらけの中、物販の世界に飛び込んで行ったのです。

何もわからないからこそできることもある

どの世界でもそうかもしれませんが、物販の世界って、素人からしたらまったく見えない世界です。商品を作っても、どこで、いくらで売るのか、とにかくわからないことだらけです。どこの流通に乗れば、あのスーパーに並ぶんだろう、あの店に置いてもらうには誰に言えばいいのだろう、謎と見えないことだらけでした。そもそも、ダシを売れるようになったのはいいけれど、何に入れて売る？　とか、表示やラベルがいるよね！　とか、考えることが山積みでした。

しかし今思えば、知識ゼロ・経験ゼロ・計画性ゼロ・人脈ゼロだからこそ、できたことがあります。のちにわかることですが、その世界の〝常識〟という枠がないので、その世界の常識を知っている人からしたら驚くようなやり方や、「それでやれるんだ！」と言われるようなことをたくさんしていました。

なので、これから起業を考えている方や、起業してものを売るなんて遠い世界の話と思っている方も、実は不可能ではないということをお伝えできればと思います。


たしかに、知識も経験も計画性も人脈もあるに越したことはありません。しかし、ないとできないかというと、そうではありません。まずは、自分の発想や閃きを止めない、無視しないこと。知識も経験も計画性も人脈もやりながら考えれば大丈夫です。

少なくとも、この本を読んでいただければ、知識は得られますし、人脈の作り方もわかります。そして、やるべきことがわかるので、見通しをもって大まかな計画も立てることができます。これは、当時右も左もわからずもがいて、一歩進んでは3歩下がるような商品づくりをしていた私に届けたい本です。あとは、ここでの知識をもとに一歩踏み出して、経験を積んでいくだけです。不可能ではありません！

3 あなたにもある！ 商品の〝タネ〟の見つけ方

そうは言っても、私には商品にできるものなんて何もない……と思う方も多いのではないでしょうか。私も持っている資格は看護師だけ、料理は好きだけど誰でもできるレベルで「ザ・普通」。そんな自分に売れるものなんてない！ と、だいたい皆さん言われます。もしかすると、この〝何を商品にできるのか〟の何もないところからイチを生み出す、ここが一番の生みの苦しみなのかもしれません。なので、ここではあなたの中にある商品の〝タネ〟の見つけ方をお伝えします。

初めにお伝えしておきますが、何かのチャートに沿って答えて行けば自分の商品になるものが浮き出てくるという魔法のような話はありません。前項でもお伝えした、私がダシを売ることになった経緯の中にヒントはあります。
ちなみにここで言う商品のタネは、有形・無形どちらの商品でも同じ考え方です。

あなたの好きなことはなんですか？

まず、ありきたりと思われるかもしれませんが、あなたの好きなことはなんですか？ 子どものころから好きなこと、今好きなことでもかまいません。それが、お金を儲けることにつながっていそうでなくても、職業にならなそうでも大丈夫です。私の場合は、「食べること」です。おいしいものには目がありません。「食べること」をそのまま職業にしようと思うと、フードファイターかグルメリポーターかしか浮かびませんので、ここですぐに職業と結びつけなくていいです。いや、それ以上の広がりがなくなるので結びつけないでください。浮かんできたものをシンプルに受け入れてください。

得意なこと、苦痛なくできることはありませんか？

起業するなら「好きを仕事に！」と思うかもしれません。私もそう思っていたので、通称〝自分の好き迷子〟（勝手に命名）になっていました。私の好きなことって何？と自分のことがわからなくなるのです。なぜわからなくなるかというと、無意識にお金になるかならないかをジャッジしているので、お金にならなそうなことは挙げなかったり、ないことにしたりするからです。

そうすると、自分の好きなことを知るために、過去の私のように高いお金をかけて自分を知るためのセミナーに出かけたりするようになります。無理に好きを仕事にする必要はありません。あなたがこれまでの人生の経験の中で習得して〝できるようになったこと〟でもいいのです。たとえそれがすごく好きでなくてもいいのです。やること自体が苦痛でなければ、苦もなくできる得意なことでＯＫです。

人から「それ売って」と言われたことがありませんか？

これまでに周りの友人や誰かから「それ売ってほしい！」とか「それ教えてほしい！」と言われたことはありませんか？　よく考えて思い出してくださいね。これを聞くと大概、「自分には何も取柄がないからそんなこと言われたことはない」と言われます。しかし、私は思うのです。きっと言われていたとしても、自分が「こんなのたいしたことない」とか「こんなの誰でもできる」と聞き流しているか、自分の中で却下しているだけだと。ダシを「売ってほしい！」と言われて、こんなの私が売らなくても自分でも作れるレベルだし、むしろ店で立派なものが売られていると思っていました。

「それを売ってほしい」「それを教えてほしい」と言われるということは、すでにそれを求めている「お客さん」がいるということです。あなたがこんなのたいしたことじゃない、誰にでもできると思ったとしても、あなたの「それ」がいいと求めている人がすでにいるということです。お客さんがいてこそ「商品」が売れます。どんなにいいものであっても、お客さんがいないことには売れないのです。大切なのは、あなたが売りたいものより、お客さんが買いたいものです。その視点を持って、よく思い返してくださいね。

ここに挙げた3つの視点で見えてきたものが、あなたの商品の〝タネ〟になり得るものです。案外と、自分の好きなこと or 得意なことで、人から「売ってほしい」「教えてほしい」と言われたものがあるはずです。自分の好きにこだわる必要はありません。得意と言えなくても、これまでの経験上できるようになったことでもいいのです。

そもそも主婦には、生活の中で無意識にやっている工夫があります。生活の中の困りごとを工夫で解決しているのです。その中に、他人が知れば、「それ教えて！」とか「商品化してほしい！」と言われるようなものってあると私は思っています。主婦の発想から特許までつながった商品も実は世の中にたくさんあるのです。

商品のタネを見つけられるのは自分だけ

ゼロからイチを生み出すここだけは、自分と向き合うしか今のところ私には思い浮かびません。自分の中にある小さなタネを掘り起こしてくるのは自分にしかできない作業です。

私も、ダシを売ってほしいと言われても、調理師でもない、栄養士でもない、ましてやダシなんてスーパーに山のように売られてて良い商品もたくさんあるのにとスルーしていました。でもそこに商品のタネがあったのです。後から考えてみると、今のダシ屋という仕事は私の好きな要素がいっぱいです。まずは、「食」であること。〝食べること〟が仕事ではないけれど、ダシを使ったレシピを食べてみたり、考えたり、でき上がった料理を写真に撮ってＳＮＳにアップしたり。「食べること」にまつわる細かな行動に実は、好きがいっぱいあったのです。つまり、最初の好きなことの中にすでにタネはあったということです。

逆に、これを売りたい！　があるのなら、それをお客さんとなる人は求めているのかをリサーチする必要があります。市場調査です。私もどちらかというと、想いで突っ走るタイプなので、そんなことやっていられない！　と思うほうですが、先ほども言ったように、お客さんあっての商売です。買ってくれる人がいるから商売として成り立つので、その買ってくれる人が求めているものなのかをリサーチするのは必要だと、ここ1～2年で気づきました（遅）。

4 商品づくりに必要な知識

思いがけず商品づくりの世界に飛び込んだ私。商品を販売し始めて、一つひとつ知識を積み重ねてきました。まだまだ知らないこともあります。商品づくりの超プロではないですが、始めて1~3年あたりで初めて知って勉強になった、商品づくりに必要な知識をここではお伝えします。

有形商品と無形商品

まず商品と一言で言っても、有形商品と無形商品があります。有形商品は読んで字のごとく、〝形の有る商品〟です。世間一般で「商品」と呼ばれる、手に取れるものを言います。無形商品とは、〝形のない商品〟です。講座やセミナーなどの手に取って持つことのできないものを言います。

有形商品と無形商品のどちらにも次のようなメリット・デメリットがあります。

有形商品のメリット・デメリット

有形商品のメリットは、私の商品のようにスーパーやお店に置いてもらえるようになると、自分が直接販売作業をしなくても売れていくという点です。究極を言うと、販売作業だけ見れば寝ていても売れると言えばそうなのです。一方でデメリットは、作るのにお金や、ものによっては設備等が必要になることです。そしてお金をかけて作っても売れるとは限りません。

無形商品のメリット・デメリット

無形商品のメリットは、自分の労力と時間を使って作るので、製作や販売に自分の人件費以外には基本的にお金がかかりません。デメリットは、販売する時は常に自分が動かないといけないことです。講座やセミナーをするにしても、自分が寝ている間にできるなんてことはありません。

もちろん例外もあり、たとえば、講座やセミナーを録画などして販売する、有形商品のように扱うこともできます。また、ワークショップなどは、材料費や会場費がかかる場合もあります。

商品を作るのに必要な法律

商品によって、必要となる法律は変わりますが、商品を作るには法律を遵守しなければならないということを頭に置いておくとよいでしょう。

私の商品であれば、食品衛生法や食品表示法が一番に挙がります。食品衛生法は、飲食による健康被害の発生を防止するための法律[*2]で、食中毒への対策、HACCP（ハサップ）に沿った衛生管理や、営業許可等について定められています。また、食品表示法は、日本の食品の表示を定めた法律[*3]です。消費者としては何気なく買って食べたり見たりしていた食品ですが、さまざまな法律によって安全が一定の水準以上であるように整備されているのです。また、景品表示法[*4]というものもあります。食品も含む商品やサービスの品質や内容、価格等を適切に表示するための法律で、消費者が良い商品を選べるよう、消費者の利益の保護を目的とした法律です。

その他、薬機法などが必要になる商品もあるかもしれません。手作りの石鹸やアロマ系の商品の販売を考える方もいらっしゃるかもしれませんが、自分で作ったものを販売し、それを人体に使うのであるなら、薬機法に従った届け出や許可が必要になります。人体に使わず「雑貨」としての販売であれば、この限りではありませんが、人体に使わず置物としての石鹸というのは（もちろんありますが）やや現実的ではありません。すべての法律を熟知するのは無理ですので、販売を考えたい商品があれば、まずは保健所等に相談するのが良いと思います。

衛生管理「HACCP（ハサップ）」

２０１８年の食品衛生法改正（２０２１年6月1日完全施行）に伴って、原則としてすべての食品事業者にHACCPに沿った衛生管理が求められるようになりました。

HACCPとは、Hazard Analysis Critical Control Pointといい、危害要因分析（HA：Hazard Analysis）と重要管理点（CCP：Critical Control Point）の頭文字を組み合わせた言葉です。従業員の健康・衛生管理、製造環境の衛生管理等、殺菌や金属検出・加熱等の衛生管理計画の作成、記録表の作成と記録等を整備し、実施することが制度化されました。私は商工会議所の専門家派遣制度を活用し、食品衛生の専門家の先生に入っていただき、自分の商品に対するHACCPの整備を行ないました。

製造や販売に必要な「許可」

飲食店や食品を製造するのに必要な「営業許可」は聞いたことがあるかもしれません。食品衛生法で定められています。営業許可が必要な業種は32種（２０２４年現在）に拡大され、許可業種以外でも食品の営業を行なう際は、一部の対象外の営業を除き、届け出が必要となりました。ここは、私が個人事業主で起業してから現在までに大きく変わった点であり、特にどこかから「あなたの事業所は許可を取ってください」と連絡が来るわけでもないので、自分で情報をキャッチして確認する必要がありました。この法律改正に伴い、設備の改修等を行ない、営業許可（水産製品製造業）の取得をしました。これから新規で始めようとされる方は、一度最寄りの保健所に連絡し確認をしてみてください。

食品衛生責任者養成講習

食品営業許可施設及び食品営業届出施設の営業者は、「食品衛生責任者」を選任することが食品衛生法で定められています。調理師などの資格を持たない人が「食品衛生責任者」になるには、食品衛生責任者養成講習会で修了証書を受け取る必要があります。講習を受けるには、各都道府県にある食品衛生協会に申し込みをします。食品衛生学、食品衛生法、公衆衛生学、食品表示の計6時間の講習です（2024年8月時点）。e-ラーニングでも受講できるので、詳細は食品衛生協会へ問い合わせてください。修了すると、「食品衛生責任者」と書かれたプレートがもらえます。

生産物賠償責任保険（PL保険）

生産物賠償責任保険（PL保険）とは、自社の製品や商品が他人をケガさせたり他人のものを壊したりした際の賠償リスクに備えられる保険です。食品であれば、異物混入によるケガや、食中毒やアレルギー発症等による健康被害に対応できる事業者専用の保険です。私は、スーパーの産直コーナーに登録する時に加入が必須であったため、この保険の存在を知りました。商品を発売し始めてすぐだったので、知って加入できてよかったです。1年更新で、年間売上によって保険料は変わりますが、絶対に入っておいたほうが良いぐらい保険料は安いので、商品を販売する際は入ることをおすすめします。

JANコード

商談の際に「これじゃんコードある？」と平仮名ともカタカナとも英語とも区別のつかない聞き慣れない言葉を幾度となく聞き、「JANコード」というもののことを言っているとわかったのは商談の後でした。つまりは、商品についているバーコードのことです。事業者が登録（登録料必要）して個別の番号等が付与され、全国どこのお店に置いてもらっても、バーコードを通せばどこの会社の何の商品でいくらのものかがすべてわかるコードなのです。広くお店などで流通させないのであれば必要ありませんが、商品を作るのであれば、頭の片隅に置いておくとよいと思います。

商標権（商品名やマーク等）

商標権とは、商品名やロゴマークなどの、商品を他社のものと識別する文字やマークが持つ権利のことです。自分の商品に商品名を付けようとする時、同じ名前の商品がすでにないかを調べる必要があります。特に、それが「商標」としてすでに商標登録されていると、商標権の侵害として訴えられることがあるのです。逆に、まだ付けられていない商品名だったとしたら、自分の商品を守るためにも商標登録を視野に入れておくと良いと思います。

ちなみに、「ガーっと粉®」という名称は商標登録をしています。別に名前を使われてもいいわと特に気にしていませんでしたが、ガーっと粉という名前を語って、似たような商品を出された場合、お客さんが私のガーっと粉だと思って買ったのに、中身の質がまったく違ったものであるというようなことが起きると教えてもらい、商品を守るためにも、お客さんを守るためにも商標登録をしようと踏み切りました。

商標を調べるには、特許庁のホームページから検索できます。自分が付けようと思っている商品名やマークがすでに商標登録されているものでないかを調べてみてください。自分で調べるのが難しい場合は、後に紹介するよろず支援拠点などで相談すると丁寧に教えてくださいます。

＊2：厚生労働省ホームページ https://www.mhlw.go.jp/stf/seisakunitsuite/bunya/0000197196.html
＊3：消費者庁ホームページ https://www.caa.go.jp/policies/policy/food_labeling/food_labeling_act/
＊4：消費者庁ホームページ https://www.caa.go.jp/policies/policy/representation/fair_labeling/

5 専門知識がなくても大丈夫！すでにやっている人に聞こう！

商品づくりに必要な知識をいろいろお伝えしましたが、私はこれらをほぼ知らずにスタートを切ったのです。今思えば無謀ですが、それしか方法がなかったんです。

今やインターネットでなんでも調べられる時代ですが、その中でも調べられないものがあるということを知っているでしょうか？　「検索すればわかるでしょ？」と思うでしょうが、検索って、その業界での言葉を知らないと基本的に欲しい情報にヒットしないんです！　私が検索下手だったのかもしれませんが。

「それ、売ってもいいですよ」と保健所の方に言われて、まず考えたのが粉末のダシを入れる〝袋〟です。〝○○のダシのあの袋みたいなの〟や〝あのお菓子が入っているようなおしゃれなのもいいな〜〟といろいろ思い浮かびます。が、しかし、その袋が探せないのです。私のイメージするその袋は、チャックが付いていて、封ができて、立てられるもので……頭に浮かぶまま、〈チャック付き　袋〉とインターネットで検索をしたのです。ところが、どんなに検索をしても出てくるは、「ジッ○○ック」!!　思っていたのと違う検索結果。手を変え品を変え、検索しましたが、私の頭に描く〈チャック付き　袋〉は出てきませんでした。都会なら、問屋街などもあって、歩いて探しに行くことができたかもしれません。しかし、ここは島根県出雲市。あるのは、スーパーとショッピングモールくらい。包装に使うようなものを売っているところが思

図3　初代「ガーっと粉」

い浮かびません。

どんなに検索しても「ジッ○○ック」にしか出会えないので、疲れ切った私は、仕方ない！　と、そのまま〈チャック付き　袋〉を使うことにしたのでした。食品専用の保存袋にダシを入れ、シールのラベルの作り方なんて知るわけもないですから（笑）、Wordで商品名と原材料と賞味期限と製造者を書いたラベルもどきの紙を作り、その紙とダシの入った食品用の保存袋をさらに透明の袋に入れて、おしゃれっぽく!?　ビニールタイ（モールみたいなもの）でキュッと締めて商品にして販売を始めたのでした（図3）。この時の私の精一杯!!

探していたものにやっと出会えた

そこから2～3か月後、地元の産直市で私の思い浮かべた袋のイメージにピッタリのもので販売されている商品を見つけました。たまたまその方が元職場の先輩の知人だったため先輩に連絡し、紹介してもらうことにしました。

さっそく連絡を取り、工房にお邪魔させていただきました。私のイメージにピッタリな商品を握りしめて……。そこで第一声、「この袋、どこで買えるんですか？」と聞いたところ、「ああ、そのパッケージ？　それなら地元だと○○商事さん、通販だとパッケージ通販清和さんで頼めるよ」といとも簡単に答えてくださったのです。パパパパッケージ!!　その言葉～！　と急に視界が開ける感じでした。その他にも、〝その袋をチーっと熱で留めるやつ〟は「シーラー」ということも教えてもらい、どこで買えるかも聞き、他にも賞味期限の検査のこと、どこで検査してもらえるかなどたくさん教えてくださいました（Iさん、その節は大変お世話になりました）。

それまで、よくわからなかったので、賞味期限は1週間としていました。作り置きもできないし、作ったらすぐ発送しないといけないし、賞味期限が短いということはすごく大変なことだと体感したのもこの時の経験です。この時の経験が活きて、今は賞味期限はなるべく長いもの、長く設定ができる原材料を選ぶようにしています。商品によりますが、販売店さんにとっても、賞味期限が短いものよりも長いもののほうが扱いやすく好まれる印象です。

頼りになるのは同じ道の先輩

このように、私にとっては、いろいろ教えていただいたIさんとの出会いが、商品づくりをする上で大きな鍵になりました。世の中に情報は山のように溢れていても、適切な「言葉」を知らなければ欲しい情報にヒットしないと実感したのもこの時です。言葉を知らないのなら、「コレ!」と会って聞ける相手がいたらどんなに良いかと思いませんか? 私はいつも、「コレ何?」「こういう時はどうするの?」を聞きたいと思っていました。しかし、聞く人も聞く場所も点在していて、この人に聞けばすべてわかるという人もおらず、途方に暮れていました。

そこで私がおすすめする方法は、「すでにやっている人に聞く」ということです。私がIさんに教えていただいたように。もちろん、先方の企業秘密ということもありま す。大手企業に「どうやって作りますか？」なんて聞いてもたぶん答えてくれません。なので、たとえばマルシェとか産直市とか、地元の個人事業主の方が商品を出しているようなところで、自分の理想とする商品があれば、ぜひ声をかけて聞いてみてください。もしくは、裏面のラベルの製造者を確認してコンタクトを取ってみましょう。自分は、このような商品を作りたいと思っているけれど、○○が探せなくて困っているなどと聞けば、基本的には教えてくれると思います。私がどこかのマルシェに出店してお客様から聞かれたら、自分も苦労した道なので、たぶん喜んでお答えすると思います。

しかし、先方も商売ですから、根掘り葉掘り聞くようなことをするとあまり良い気分はしませんので、そのあたり礼儀と節度を持って、わからないことを教えていただきたいという謙虚な姿勢でお願いすることが大事です。その他には、知人のツテをたどって紹介してもらうのも方法です。相手の素性が知れている方へなら、教えても大丈夫という安心感もあるので、そのような方法を取るのも一つの手です。

このように、先を行っている先輩に教えていただくというのが、ここまでやってきた中で一番欲しい答えが見つかる方法でした。一人で悩んで時間ばかりかけていないで、ぜひ一歩を踏み出してみてください。

6 最初から完璧を目指さない
――あなたの商品で幸せになるお客さんが待っている

前項でもお話ししましたが、私の商品は今でこそ、〝商品らしく〟なっていますが、売り始めた最初のころは、今思い出しても恥ずかしい……おままごとのようなものだったと自分で思います。私も消費者でしたから、「あんなの作りたい」や「あんな袋に入れたい」がありました。しかし、商品づくりのド素人。頭に思い浮かぶような〝商品〟が作れなかったのです。

現在の商品パッケージは4代目。3代目のパッケージでやっと、よく見る〝商品〟らしくなった我が商品です。実は私は完璧主義な部分があります。だいたいズボラなんですが、変なところで完璧主義が発動するのです。何かをするにも、ある程度わかって知識があって、おおよその予定がわかった上でないと、本来は動き出せません。しかし、この商品の販売に関しては、「売る」と決まって、もう待ってくれている人がいたので、とにかく進むしかなく、手探りもいいところな状況で進みました。しかし、これが良かったのだとのちに気づきました。

未完成でも自分の想いを届けることを優先する

私が思うに、商品って「想いを届けるツール」です。ただ単に商品を届けたいというよりも、その商品を得ることによってどんな体験をしてほしいのか、どんな気持ちを感じてほしいのかを思って、作り手は作っています。私の「ガーっと粉」という商品であれば、食事作りに時間をかけられなくて罪悪感を持ってしまっているお母さんが、このダシを使うことで、体にいいものを食べさせられている安心感から、「私は私でいいんだ！」と自信が持てて、笑顔で食卓を囲むという幸せな体験を届けたいと思って商品づくりをしています。……ということはです。もし、私が3代目のパッケージになるまで、完璧になるまで商品を出さずにいたら、何が起こると思いますか？

3代目のパッケージになるまでにかかった1年半の間、大袈裟に言うと私の商品によって、幸せになれるはずだった人が幸せになれなくなるということなんです。笑顔で罪悪感なく食卓を囲めていたはずが、1年半もその体験ができないということなんです。この社会的な損失の大きさがおわかりいただけますか？

初代～3代目の改善点をより良くしていったのが現在の4代目です。そう思うと、最初から完璧を目指すことの不毛さというか、常に完璧なんてないのです。常に新たな課題がやってきますし、新たに対応しなければならない法律改正などもやってきます。なので、その時の自分の精一杯で、お客様へお届けすればよいと思うのです。

実際に、3代目と4代目は商談の場でバイヤーさん方からいただいたご意見をすごく参考にして改善しました。商品をたくさん見てこられたプロから、的確なアドバイスをいただけました。このバイヤーさんからのアドバイスも、2代目がいて商談会に出たからこそいただけたアドバイスであり、どれが欠けても今の4代目はあり得なかったと思います。

動かざるを得ない状況で、動き出してみて、それでもなんとかなるし、むしろ、〝とりあえずやってみる〟ほうが、その先のやるべきことが見えてより良いものへ改良していけるので、足元ばかり固めて、あなたの想いが届かず、幸せになれる人がなれないより、まずは届けることをやってみると良いと思うのです。あなたにはまだ見えていないお客さんが、扉の向こうで待っているイメージです。あなたの商品によって幸せになるお客さんが待っていますよ！

初代　2018年7月～12月

2代目　2019年1月～10月

3代目
2019年11月～2024年3月

4代目　2024年4月～現在

7 生かすも殺すもコレ次第！　値段の付け方

──四方よし！の値付け方法

商品ができたとして、次に頭を悩ませるのが値段の付け方です。いったいいくらにすればいいのか、私も当時随分悩みました。悩み過ぎて、考えるのが辛くなったので、「これぐらいでいいか！」で販売を始めました。マイナスにはなっていないけれど、どれぐらいプラスになっているのかは不明、という値段付けでした。しかし、この値付けは、後ほどお話しますが、結構早い時期にマズかったと気づくことになりました。

私は数字にとっても弱く、値段のことを考えるのは至難の業でした。そんな数字が苦手な私が、商品づくりに関わる金額について説明してみようと思います。専門家の方から見ると、違うだろうと思われるかもしれませんが、ひとまず私の考え方をお伝えします。

原価はいくら？

原価とは、商品を作るのにかかる費用のことを言います。まず、一つの商品を作るのにいくらかかるのかを計算しましょう。この時のかかる費用とは、材料はもちろん、包装資材、ラベル等も含みます。厳密に言うと、人件費や光熱費なども原価として含めますが、ここではひとまず置いておきます。

原価率と利益率

さぁ、数字に弱い私にとって、なんとも苦手な〝～率〟にやってまいりました。原価率とは、販売価格に対する原価の割合のことです。逆に、利益率とは販売価格から原価を引いた利益の割合になります。代表的な計算式を挙げます。

★原価率（％）＝仕入価格（原価）÷売上高（販売価格）×１００　……Ａ
★利益率（％）＝売上総利益÷売上高（販売価格）×１００　……Ｂ
★販売価格＝原価÷（１－上げたい利益率）　……Ｃ

おおよそ、商品の分野や業界によって、原価率が○%ぐらいという目安はあるようですが、必ずしも従わなくても自分で決めればよいと思います。私の場合、上げたい利益率から販売価格を決めることが多いです。

利益率が低くても、数が売れれば利益が高くなることがあります。それを一般的に薄利多売と言います。薄利多売であれば、一般的に商品の販売価格は低くできます。しかし、個人事業主などの小さな事業者や、法人であっても小さな会社には、大企業のような1時間で何万個もの生産力は設備としてありませんので、そこを目指すのは難しいです。なので、利益率の決め方は重要です。

私の場合、当初は利益率は最低50%は確保し、もしくはそれ以上の場合もありました。現在は販路が拡大し、お取り扱いいただける店舗も増えたので、必ずしもそうではありませんが、全体のバランスを見て決めています。

販売価格に含まれるもの

商品の値段は、単純に作るのにかかった金額と自分がもらえる利益だけでありません。販売価格が決まるまでには、商品を作るのにかかった原価、自分に入る利益はもちろん、たとえば販売委託するのであれば委託料や、どこかお店に置いてもらうのなら間のバイヤー(卸業者)さんに渡る金額も計算されていないと、自分が損をしながら商品づくりをするか、どこかで無理を強いてしまうかになるのです。

当初私が決めた値段付けは、〝対お客さん〟しか頭にありませんでした。知り合いのお店が置いてくださることになった時、「販売手数料として販売価格の15%もらうけどいいかな?」と言われ、販売手数料を引くと自分の利益がほとんどなくなってしまったのです。お店に置いていただいたほうが、たくさんの方の目に触れるチャンスが増えます。しかし利益がほとんどなくなる……このジレンマに値段付けをいい加減にしてしまったことをとても後悔したのでした。

このようにお店側やバイヤーさんが、ぜひその商品を扱いたいと思ってくださったとしても、値段設定として先方の条件と合わないと、取り扱ってもらえないということが起きてくるのです。販売をしてもらっておいて、渡す手数料を条件よりも低くすることは失礼ですし、そもそもお断りされると思います。だからと言って、製造者がもらう利益を削って中間に入る人やお店側に渡すようなことがあっては、最初はよくても、長く続けることはできません。利益が減ると、必要な設備投資もできないし、広告宣伝もできなくなります。さらに自分の給料にあたる部分が減るので、結局は疲弊して辞めてしまうことにもなります。これこそ、社会的大損失です。

前項でも言いましたが、商品は「想いを届けるツール」です。あなたの商品によって幸せな体験をしていたお客さんが、それをできなくなるということです。目先だけでいい顔をして、値段を下げるのは得策ではないと私は思っています。

私がとあるバイヤーさんから聞いた話では、「販売価格の半値(半分の値段)であっても卸せるか」というところがポイントになるようです。つまり、原価にきちんと自分の得られる利益を乗せてそこは確保した上で、金額を乗せていかないと利益が削られるということです。販売価格の半値でも、自分の利益が十分確保できていることを今でも一つの目安としています。

値段付けの実際

一言で値段と言っても、図4のような仕組みになっていることがおわかりいただけたでしょうか？　もちろん販売形態によって値段設定は変わります。対お客さん(一般的にBtoCと言われます)だけであれば、利益を上乗せした価格でよいのですが、

図4 販売価格を決める時に抑えておきたい「原価」「利益」「委託料」

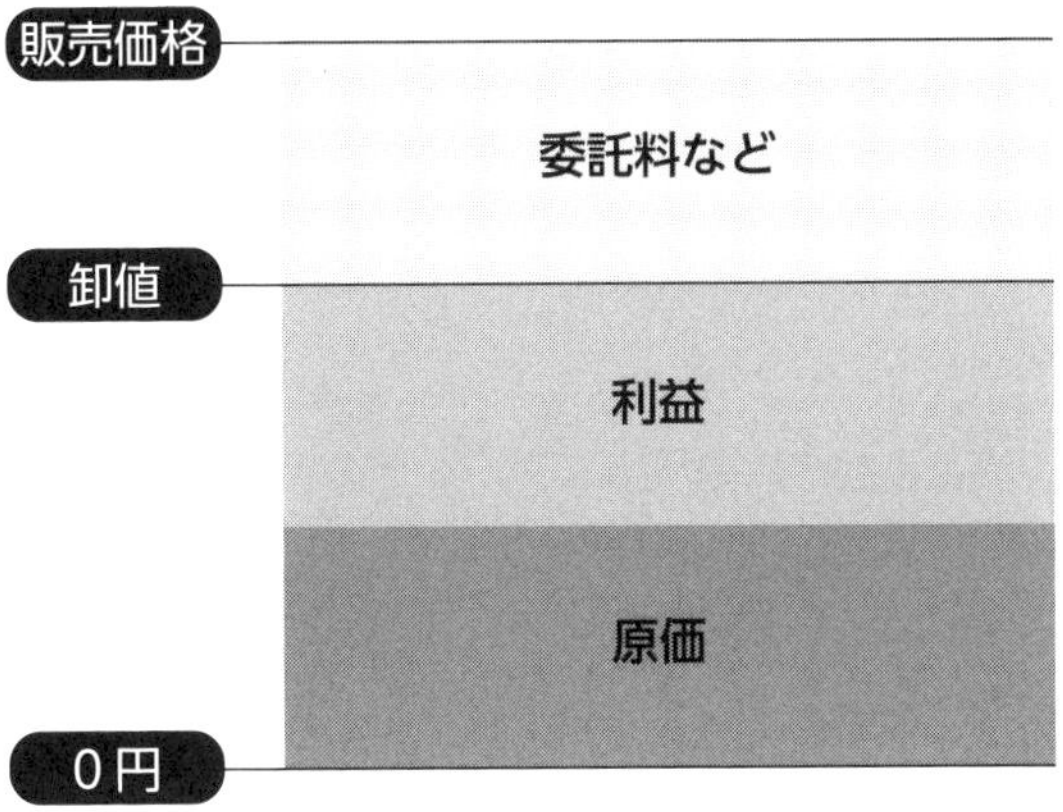

お店に置いてもらうことも想定した値段付けを行なうとよいです。

私の経験上、スーパーや一般的なお店では、おおよそ販売価格の25〜30％（もしくはそれ以上）を先方へお渡しすることを取引条件とされます。原価700円で販売価格1000円の商品の場合、30％お渡しするとなると残り700円……自分の利益は0円となります。さらに、スーパーなどに置いてもらうには、基本的にバイヤーさんが入ります。このバイヤーさんがおおよそ5〜15％取られますので、そうするとスーパーと卸売業者さん合わせて45％は販売価格からお渡しすることになるのです。そこが「卸値」となります。スーパーとの間に卸売業者が入らなければ、販売価格から先方の条件のパーセンテージがクリアできた価格が「卸値」となります。

この仕組みが、商売の世界にいなかった私からしたらチンプンカンプンで、その上数字に弱いものですから、毎回ハラハラしていました。商談などで、掛け率（卸価格の割合）を聞かれたりするのですが、その感覚がないのでパッと出てこず、素人の私には難解な世界でした。

値段をつけてみよう

さあ、あなたなら原価700円のアクセサリーをママ友や近しい友人にいくらで売れますか？〝ママ友や近しい友人に〟というのは、値段付けで「これぐらいでいいよ！」をやってしまいがちな相手だからです。そんなお相手も自分の商品のお客さんに十分なり得ます。その相手に自信を持って値段を伝えられますか？　パッとひらめく価格は、きっと条件には合わないのではないでしょうか？　いくらを思い浮かべましたか？　1500円？　それだと、スーパーと卸売業者に最大45％支払ったとしたら（アクセサリーではあまりない販売形態ですが）、825円しか残りません。125円の利益です。私なら「いったい何個売れば生活ができるの？」と途方に暮れそうです。

2000円の販売価格だと、最大45％支払ったとして、1100円残ります。原価700円を引くと残りは400円で、利益率は約35％となり数を売らないと厳しくなりそうです。

私だったらいくらにするか？ これぱっかりは、もちろん商品にもよりますが、卸値1400円（利益率50％）はキープするようにまず考えます。そこに、2社ぐらい入ることを想定し、販売価格をいくらにすると最大45％支払ったとしても利益を50％前後確保できるかを探っていきます。3000円の販売価格であれば、最大45％引いたとして手元に入るのは1650円で、利益率は約58％なのでまずまずと判断します。

あとは、その商品のでき栄え感が3000円の価格に見合うか、同業他社の同様の商品とあまりにも乖離した価格でないかなどを考えながら価格を決定します。値段で価値をはかる感覚もあるので、あまりにも安過ぎるのも、品質は大丈夫かなと思ってしまいます。そのあたりも頭に入れながら、値段を考えると良いでしょう。

ちなみに、販売価格は通常、販売者が決定することができます。しかし、「おおよそこれぐらいで販売してほしいです」と希望小売価格として販売価格の基準を製造者は設定しておきます。それよりあまりにも安く販売されると、商品を扱ってくださっている他店との間で有利になり、そこにばかりお客さんが集中するというようなことが起こるので、高くするのは販売店の責任でいいですが、希望小売価格よりあまりにも低くされることは、私はお断りしています（そもそも、希望小売価格より低くするということは、そちらに入る利益も少なくなるので先方にとってもあまり良いことはありません。稀に、利益は少なくていいから少しでも安くお客さんに提供したいという方もいらっしゃるため、ある一定の基準は必要です）。

販売価格を決める手順

① 利益率50％の確保からスタート！（計算式B）
② ①から上げたい利益を考え、販売価格を計算していく。（計算式C）
③ 販売価格から最大45％を支払ったとしても利益が確保できるか？→卸値決定

※あくまで理論上の計算方法。算出された販売価格が同業他社の同程度の商品と比べて大きく乖離していないか、市場の価格とのバランスも見ながら販売価格を決定する。

「値ごろ感」というもの

利益を確保するために、高くすればいいというものではありません。ものには「値ごろ感」があります。この商品ならこれぐらい出してもいいかな、お得だな、と感じられる金額です。良い原料や素材で作ったから高くて当たり前というのはやや乱暴です。私もそのように考えている時もありました。「安売りはしたくない」と。

しかし、ある講演会でガツン！と頭を殴られたような衝撃を受けました。それは、とある有名な飲食店の女性経営者の講演でした。著書も出されている方で、私自身その方のやり方に興味があったので、前のめりで参加しました（商工会議所主催で無料です笑）。ある方が「質にもこだわった良い商品を作っているが、どうしても金額が高くなる。先生ならどう売られますか？」と質問されました。すると、その女性経営者は、「私ならお客様の求めているものを作ります」ときっぱりと言われたのです。素材にこだわって作ったその商品を本当にお客様は求めていますか？と。お客さんが買えない商品を作るのは自己満足なだけ、自分なら素材の質はなるべく落とさず、でも高品質なものでこれなら買える、買いたいと思ってもらえる値段設定にできるよう、企業努力をしますと言われたのでした。

それまでの私は、素材が良いものが一番いいに決まっている、そのためには値段が高くなってもやむを得ないと思っていました。なので、この女性経営者の言葉はすごく印象に残っていて、今でも私の商品づくりに影響を与えています。どんなにいいものでも、お客さんが買えないようなものを作っては意味がない。お客さんにとって、払えない額ではない金額と、プラスその商品によって得られる体験による相乗効果がうまくマッチする金額はどのあたりなのか。新しく商品を作る時は、利益も考えながら、そこことにらめっこをしながら、とても悩む場面であります。

近江商人の経営哲学を表す言葉に、「三方よし」という言葉があります。三方とは、売り手、買い手、世間のこと。自分の利益だけに固執せず、お客様も地域社会も幸せになる商いをするということだそうです。そこに〝未来よし〟を加えて、四方よし！　だそうですが、何かで「作り手よし！」というものを見ました。その時から私は、作り手も、売り手（小売店やバイヤー）、買い手（お客さん）、世間（社会への影響）もすべてが無理なく、幸せにいられる値段付けを意識しています。

8 「薄利多売」ではなく「厚利少売」

前項で利益率のことをお話ししましたが、「薄利多売」とは商品一つひとつの利益率は低いけれど、たくさん売ることで利益が多くなることを言います。

小さな事業所は、価格競争ではほぼ勝てません。価格で競うのではなく、独自性や小規模の事業所だからできる工夫や対応で自らの商品を売っていく必要があります。

私は「薄利多売」ではなく、「厚利少売」を目指しています。「厚利少売」とは、読んで字のごとく、利益率の高い商品を少なく売ることです。本来は、不動産や貴金属などの商品に使うようですが、私はこの意識で商品づくりをしています。

価格は安く、大量に作れるほうが良いと思うかもしれませんが、小規模な事業者には小規模な事業者の良さがあります。短時間で大量に生産する設備は持ち合わせていなくても、小回りの利く製造ができます。

実際に私が出会った事例をお話しします。

とある事業所の方から、商品に使うダシを作れないかと依頼がありました。社員数4〜5名の会社の方でした。現在のガーっと粉の配合を変えて、かつお節の入ったものを作ってほしいという内容でした。私はさっそく試作を重ね、試食していただき、注文へとつながりました。このように、私が手作業でやっている製造は、私の考えと匙加減一つですぐに商品が作れます。細かな配合を変えることも簡単です。

加えて、大量に作れないのが良さでもあります。同様の内容を、ある程度の設備の整った規模の会社に依頼すると、まず生産ラインを変えたり、ロボットの設定を変えることが必要であったりします。さらに、1回の製造で数千個から数万個もできてしまい、専用で作ってもらっているのですから、すべて買い取りが必要になります。それをさばくだけの販路も、置いておく場所もありません。小規模な事業者には非現実的な話です。

なので私は、皆が皆、薄利多売を目指さなくても良いと思います。自分の事業規模が小さいなら、その分柔軟に対応が可能で、生産も多くできないことが逆に利点となる取引もあるということをお伝えしたいと思います。目指すべきは、「薄利多売」ではなく、「厚利少売」です。

注文数が増えて、自分では対応できなくなってきたら、製造を大きな工場を持つ会社へ依頼するなど考えればいいのです。最初から大量に作って売ることを考えず、自分のできる範囲から認知を広げていく方法もあります。

9 在庫なしでもできるビジネスサイズ

商品を販売するとなると「在庫を多く持たなくてはいけないのでは？」という疑問を持つ人もいるかと思います。大量の在庫を保管する場所も、大量の原料を一度に仕入れる資金も、1人でやっているような事業者には準備することは難しいです。

ズバリ言いますと、私は基本的に在庫は持っていません。注文を受けてから、原料を発注し製造し出荷します。なので、納品するまでに最大1週間から場合によっては10日かかることもあります。

世の中は、今日頼んだら明日には届く時代。最初のころ、商談をさせていただいた大手会社のバイヤーさんに教えていただきました。商品発送までは遅くとも2～3日で、1週間かかると50％のお客さんが離れると言われていると。これを聞いて、うちも在庫を持って、すぐに発送できるように対応しないといけないかなと悩みました。しかし、注文の状況によっては在庫を無駄にすることも考えられます。それだけの在庫を保管するスペースも原料を仕入れる資金も厳しいです。

結局私はどうしているかというと、商談の際やお取引の開始前に、きちんと伝えるようにしています。納品までに最大7日～10日かかることがありますと。そして在庫を持たないスタイルは今も変わりません。

そもそも注文後2～3日で手元に届かないといけないのは、一般の消費者へ私が送る場合です。私は、対業者の方との取引をメインでやっており、先方の在庫の状況で発注をかけてくださるので、今のところ大きなクレームにはつながっていません。

最近は、ECサイトなどを運営する会社の方から商品を取り扱わせて欲しいと連絡をいただくことがあります。商品をネットショップに掲載し、注文が入れば製造元より発送するというシステムのところが多いので、私が発送することになります。その場合も、在庫を持たないことをお伝えし、発送までかかる日数にご了承いただけるかを必ず確認を取るようにしています。多くの事業者さんは、「商品情報に明記しておきます」と対応くださり、現在まで大きな問題になったことはありません。

もちろん、私もイチ消費者として早く届いてほしいです。しかし、その世の中の流れに必ずしも合わせなくても、無理なく製造や経営のできるところで状況をご理解いただけるように丁寧に説明をしていけばいいと思います。私のほうも、「できない」と突っぱねるのではなく、できる限り対応できるような工夫や努力はして、お互いの条件が折り合うところをすり合わせて行くようにしています。

余談ですが、今でもとてもお世話になっているバイヤーさんに、小規模な事業者は商談が下手だと言われたことがあります。先方の条件に合わなければ、すぐに「できません」と0か100かで結果を出そうとすると。しかし、そこで「こちらはここまでは対応しますので、その分、製造したものはすべて買い取っていただけますか」など〝取り組み〟をして、互いの条件をどちらも良い方向に持っていけるようなやり取りをもっと積極的にすべきだと言われました。

この話は、本当に「なるほど!」と腑に落ちました。実際に、「できません」とお断りしたことが過去に何度かあったからです。1人で事業をしていると、「私の作ったものが気に入らなければ買ってもらわなくていいわ」となりがちです。自分の大切にしたい部分と、ここまでは対応できるという部分を、〝無理して〟ではなく検討をして吟味を重ねることは大切です。できそうな道を探した結果、無理だと思っていたことが案外大丈夫だったと、また道が広がることもあります。

4章

どう売る？
——宣伝・販路開拓

1 3つの販売方法

「商品を販売する」というと、〝お客さんへ〟をイメージすると思います。私も最初は〝お客さんへ〟だけを考えていたので、値段の設定に失敗したことがありました。

販売方法は大きく3つ、「直接販売」「委託販売」「卸販売」があります。それぞれにメリット・デメリットがあり、利益の入り方がそれぞれで変わります。値段の設定も、これらの方法に大きく影響を受けることになるので、それぞれの特徴とメリット・デメリットを説明します。

直接販売

直接お客さんへ販売することを言います。B to C（Business to Consumer：企業や会社が一般消費者へ販売する）とも言われます。メリットとしては、お客さんの顔が見えやすく、いただいた代金は原価を除いて利益とすることができるので、他の販売方法より利益率は高くなります。さらに、自分が作った分だけを販売すればいいので、自分のペースでできるというのもメリットです。一方でデメリットは、製造以外の販売業務をしないといけないこと、お客さんの開拓を自分でしないといけないので広がりにくいことが考えられます。ネットショップなどの準備やSNS発信、場合によっては未入金等への対応も必要です。

委託販売

委託販売とは、販売業務を委託して販売を行なってもらうものです。よくあるのは、雑貨屋さんなどで販売スペースを提供する代わりに、委託料として売上の15～30％程度をお店に支払うやり方です。雑貨屋さんだけでなく、スーパーや食品のお店でも、お試し的に委託販売という形で取り扱いをしていただけるところもあります。メリットとしては、販売業務（金銭のやり取り）をやってもらえるので製造に集中できること、比較的扱ってもらいやすいので、商品がお店に並んでお客さんの目に触れる機会が増えることなどが考えられます。一方、デメリットとしては、自分で在庫の管理が必要になる場合があること、どんなお客さんが買ってくださっているのかが見えにくくなることなどがあります。さらに、売れた分だけが利益となるので食品など賞味期限があるものは、売れなければその分マイナスになるということが挙げられます。

卸販売（買取）

卸販売とは、一般消費者ではなく会社（個人事業主含む）が会社（個人事業主含む）へ販売することを言います。Ｂ to Ｂ（Business to Business）と言われるものです。メリットとしては、販売業務をやってもらえて製造に専念できるのはもちろんのこと、先方が買い取ってくれるので、店頭で売れても売れなくても自社の売上は確保されているという点があります。とは言え、あまりに売れないようであれば発注はされなくなります。通常、1個や2個を卸販売することはないので、何十個や何百個という単位での販売になり、大口の売上となりやすいです。一方で、デメリットとしては、ある程度の実績や売れる見込みがないと契約につながりません。商談ののち、双方の条件（価格や送料など）が一致すると取引開始になります。委託販売と同様、お客さんの顔は見えにくくなりますし、卸売業者（問屋）を通じての取引が多いので、お取り扱いいただくお店の方も見えにくい関係となります。また、まとめて購入いただく分、

図5　販売方法ごとの利益

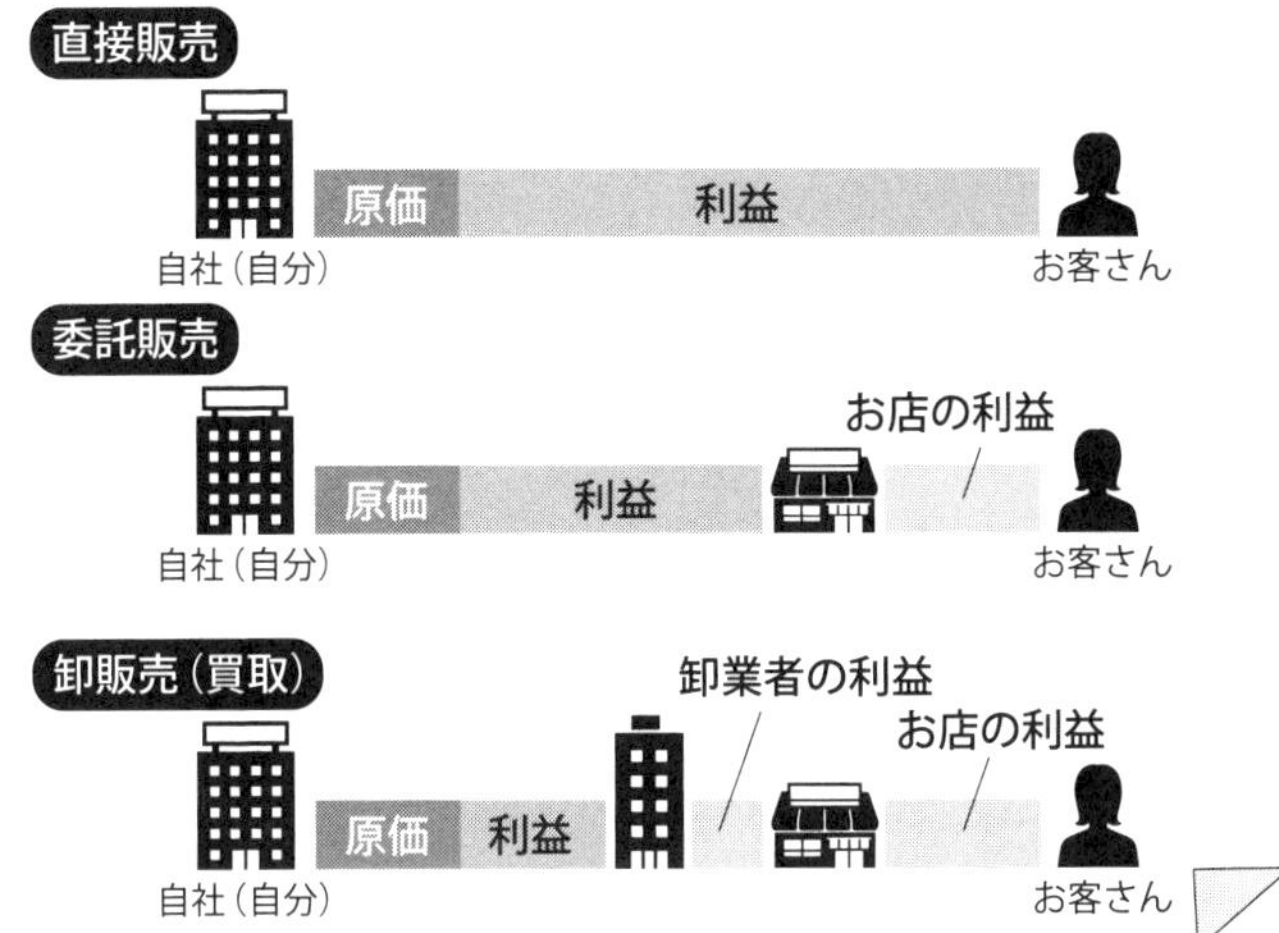

こちらから出荷する際の1個あたりの価格はどの販売方法の中でも一番低くなるのが一般的です。規模は小さいですが、数は多いので、売上自体は大きくなりやすいと言えます。薄利多売の考えがここで働くと考えてもらうと良いです。

以上が、販売方法の種類になります。他にも多様な形態があるかもしれませんが、おおむねこの分類で考えることができます。図のように、販売方法によって自社（自分）に入る利益に違いがあることがおわかりいただけるかと思います。

図6　3つの販売方法のメリット・デメリット

	メリット	デメリット
直接販売	・お客さんの顔が見えやすい ・他の販売方法より利益率は高くなる ・自分のペースでできる	・製造以外の販売業務をしないといけない ・お客さんの開拓を自分でしないといけない ・ネットショップや SNS 発信、未入金等への対応も必要
委託販売	・販売業務をやってもらえるので製造に専念できる ・比較的お店で扱ってもらいやすい ・商品がお店に並んでお客さんの目に触れる機会が増える	・自分で在庫の管理が必要 ・お客さんの顔が見えにくくなる ・賞味期限があるものは、売れなければその分マイナスになる
卸販売（買取）	・販売業務をやってもらえるので製造に専念できる ・店頭で売れても売れなくても自社の売上は確保される ・大口の売上となりやすい	・ある程度の実績や売れる見込みがないと契約につながらない ・お客さんの顔は見えにくくなる ・基本的に卸売業者（問屋）を通じての取引になるので、お店の方の顔も見えにくい ・商品1個あたりの利益率は一番低い

2 商品を求めるお客さんのいるところを見極める

売る場所を考えることは、商品を販売するプロからすれば、当たり前すぎることかもしれません。しかし、私はどんなところで売るといいかなんて考えてもいませんでした。単に身近にある「お店」に置いてもらえればいいと思っていました。

たまたま友人の運営していたネットストアは、食品の添加物を気にするお客さんやママ世代の方が多く利用していました。そこで販売を開始したところ、すごい勢いで売れていったのです。私の商品は、粉末ダシ100gで1袋1200円（税抜／2024年8月現在）です。決して安い商品ではありません。それが最初の月に2000個も売れたのです！ もちろん、商品を紹介してくれた友人の影響力もありますが、そのネットストアには、値段が少し張っても、安心安全なものを食べたいと思うお客さんが多くいたのです。

また、こだわりの食品や無添加食品を扱っている地元のスーパーで、地域の方かららもそこへ行けば良いものに出会えると認識されているお店でもお取り扱いいただけたことで、初めて見るお客さんも手に取って、購入してくださいました。

あるバイヤーさんから興味深い話を聞きました。地方では、たとえ1個数百円の果物であっても、桐の箱に入れて5000円程度のギフト用商品としてもらえたら買いたいというお客さん（お店さん）もいるという話でした。それは都会のデパートや百貨店でのお話でしたが、すごく納得できました。私もいち消費者として、買いたいものによってお店を使い分けます。「お店」と一口に言っても、自分の商品がどのような価格帯で、どのようなお客さんをターゲットにしていて、どのようなお店を好むお客さんなのか、適したところで販売してもらうことで、広がりやすく買ってもらいやすくなります。

さまざまな商談会でも、どのような業種の方と商談を希望するかを尋ねられることがあります。量販店なのか、百貨店なのか、高質スーパーなのか。それぞれ、対象にしているお客さんも違い、お客さんが求めている商品や価格帯も違うのです。

私の商品が広がったことを振り返ると、販売店の力が大きかったと気づいたのです。

3 広げてくれたのはリアルで会ったママたち
──口コミの力

今や、商品の認知を広げる方法はたくさんあると思います。SNSでバズらせたり、インフルエンサーと言われる人たちに紹介してもらったり。しかし、私は〝身近な人の口コミの力〟ほど確実で長く続くものはないと確信しています。ポイントは〝身近な人の〟です。

私の商品、ガーっと粉®は、広告も宣伝もまったくやっていません。戦略的にやらなかったというより、やることを知らなかったのです。広告こそ出していませんが、まずは食べてみてもらおうと、ガーっと粉を使ったお料理教室を開催してたくさんのママさんたちにご参加いただきました。利益はほぼなしで、マイナスにはなっていないかなというレベル。今思えば、お客さんとの出会いの場だったなと感じます。

そこで食べてみてくれた方、特に私と同じように家族の食事作りに悩む主婦やママたちが、つながりのあるお友達に「この商品いいよ！」と勧めてくれて、勧められた方も買ってみて食べてくれて……という連鎖で、広告を出していないにもかかわらず売れていったのです。

リアル店舗での販売は、スーパーの産直コーナーに登録して委託販売で置かせてもらったのが最初でしたが、100円～300円ぐらいの野菜が並ぶ産直コーナーで、1200円（税抜）のダシが1か月で100個売れました。特に宣伝もしていなかったので、「あのスーパーに売ってるよ」とおすすめしてくれたのであろうと思います。その後、スーパーの方から連絡があり、委託販売ではなく、買取で取り扱っていただけるようになりました。

「同業者がSNSでおいしいと紹介していて気になっていた」とバイヤーさんが連絡をくださり、取引につながったケースもあります。県外のスーパーから、お客様からご要望があって、と発注いただくこともあります。

最近では、何かを買う時にだいたい口コミを見ますよね？ 私ももちろん見ます。ネットで買う時は特に、商品の説明を見て、価格を見て、口コミを見て……と購入を決めます。価格は高くても口コミの評価の良いほうを選ぶ時もあります。

今の世の中、それぐらい口コミの力は大きいのです。もちろん、企業側もそこに目を付けて、口コミを投稿してくれる方に割引などの特典が付くようにして、口コミを集めています。なんとなく、「口コミビジネス」というような新しいビジネスの流れも感じます。しかし、そんな商品を選ぶ一つの基準になっている口コミだからこそ、最初にも書いたように、〝身近な人からの〟口コミがよりリアリティと信用度が高くなるんだと思います。

見返りがないのに勧めてくれるのは、本当にいいと思ったから

インスタグラムでフォロワーが何万人といるような方が、PRとして商品を紹介している投稿を見たことありませんか？　PR案件として広告料などを企業が支払い、宣伝をしているのですが、ついつい、良さそうなことが書いてあると欲しくなります。

今や、以前で言うテレビCMのようになっていますが、少し前までは今ほど「型」のようにはなっていなかったと思います。インフルエンサーが芸能人ではなく、一般人であるという点でより親近感がわき、この人がおすすめするなら買ってみようかなとなります。けれど、いろいろ見たり、買ったりしているうちに、「言うほどの商品

ではなかったな」や「またあの感じで宣伝してるわ」と、あくまで私はですが、感じるようになりました。

このように、SNSでされる口コミの価値というか、信用度は私の肌感覚では低くなってきているように感じます。そんな時、本当の力を発揮するのは、ネットには載らない友達とのランチで話されるような、「これすごい良かった！」というお得情報のようなもの、いわゆる身近な人からの口コミだと思うのです。

ビジネスをしている人は別として、友人に商品を勧めたところで何のメリットもありません。〝本当にいいと思った〟から「教えたくなる」のです。そこで、その友人が何かしらの報酬を受け取っているとわかると一気に萎えますが、大半はそうではないので、そんなに良いなら使ってみよう、買ってみようとなります。

しかも、身近な友人は、自分の悩み（ニーズ）もよく知っていて、ピッタリな商品を提案してくれます。こんなにバシっとハマる商品の紹介システムなんてないと思うのです。なので、私は、身近な人からの口コミの力を侮れないと感じています。たしかに、スピード感はありません。1人が1人に、また1人が1人に……とゆっくり伝わっていきます。しかし、その信用度とマッチ度から、お客さんの定着率は高いように思います。

私の商品はこうやって、使ってくださったママさんたちが広げていってくれたんだと、今さらながらそのすごさを実感しているところです。そのありがたさが、今身に染みています。

早く広まってほしいし、たくさんの人に知ってもらいたいけれど、〝急がば回れ〟。結局は一人一人のお客さんに丁寧に向き合っていくことが、一番確実で一番堅実な宣伝になると今は思います。

4 地元を味方につける！――「おいしい出雲」の認定商品となる

私の商品は、ガーっと粉もガーっと粉ふりかけも、「おいしい出雲」の認定商品となっています。「おいしい出雲」とは、出雲推奨商品認定委員会が認定するおいしい食の縁結び商品の認証のことを言います。この認定を受けたことで、認定シールを商品に貼ることができ、「おいしい出雲」の認定商品として展示会やフェアに参加することもできるようになります。

最初からこの認定のことを知っていたわけではありません。ガーっと粉の発売を始めて半年ぐらい経った時、「おいしい出雲の認定を受けたらいいよ」と教えてくださった方がいたのです。自分の住んでいる地域の商業関連の情報にも疎かった私は、もちろん初めて聞く話でした。そんな認定があるんだ！　と思いさっそく調べると、募集はつい1週間前に終わったばかりでした。次は1年後か……、なんて思いながら、その認定に関する情報を発信している、NPO法人21世紀出雲産業支援センター（現NPO法人ミライビジネスいずも。以下、出雲産業支援センター）へ、聞いたその足で飛び込んで行ったのです。ドアを開け、「おいしい出雲のことを聞きたいんですが……もう今年の募集終わりましたよね？」と尋ねたところ、対応くださった方から「これから募集要項を出すところですよ！」と返答がありました。実は、私が見ていた情報は1年前のもので、月日だけをみて勘違いしていたのでした。

そんなこんなで、自分の作っている商品の説明をし、募集の要項ができ上がったら送ってくださることになったのです。

この時、募集は終わっていると思いながらも足が止まらず、出雲産業支援センターへ飛び込んで行ったこの行動が、のちに「おいしい出雲」の認定につながったのはもちろん、私が商品を販売していく上で、とても助けていただいて、たくさん勉強もさせていただける、本当にありがたいご縁となりました。これからビジネスを始めたいという方や、始めたばかりで自分の手の届く範囲にしか広げられていないという方には、ぜひ地域の産業支援センターと何かしらのつながりを持つことをおすすめします。

この募集期間の間違いをきっかけに、東京で開催された商談会兼研修会へも声をかけていただき、参加しました。定期的に商談会の案内や、展示会の案内もいただけ、これまで何度も参加してきました。顔見知りになった職員の方には、私の商品を実際に使ってくださっている方もいらっしゃいますし、地元の企業とつなげていただいたこともあります。「おいしい出雲」という認定を通して、地元の方とのつながりが持て、応援されている気持ちで、とても心強く今日まで来ました。

公的な認定は信用と自信につながる

やはり、いち個人事業主が出している商品と何らかの認証や認定を受けている商品では、商品に対する信用度が違います。認定の基準となる条件や審査をクリアしているので、地域の商品としてのお墨付きをいただいているということです。

審査を通して、審査員となっている地元の商工団体の方や観光業の方、小売業やバイヤーさんなどに知っていただく機会ともなります。


余談ですが、この審査の際に出たアドバイスや感想等は結果とともに送ってもらえます。そこに書かれていることは私にとって宝物で、大事に保管してあります。まるで通知表のようでした。初めて審査結果の届いた2019年の冬、封筒を開けて「おいしい出雲」に認定されましたという文字を見た時は思わず叫びました！　大学の合格発表より喜んだかもしれないぐらい、喜びました。右も左もわからず始めたド素人の商品づくりが認められたようで、私にとっては本当に嬉しい出来事でした。

各地域に、きっと「おいしい出雲」のように、地元の産業を盛り上げる取り組みや認定があると思います。もちろん商品にもよりますが、ぜひそのような公的な認定を受けてみることも頭に入れて、地元とのつながりを持ったり、味方になってもらえたりするような関係性を作ってほしいと思います。

5 「商談会」に参加しよう！

商品の販売を始めてすぐのころ、SNSなどで「商談会に参加しました！」という他の企業の情報を目にすることがありました。当時の私は、「しょうだんかい……それはいったいどこであるの……？」という感じで、どこでどう申し込みをすれば参加できるのか、まったくわからず未知の世界でした。商品をお店に置いてもらうには、お店側から声をかけてもらったり、見つけてもらったりして置いてもらうのかな？と漠然と思っていました。

「商談」って何？

辞書には、「商談」とは、「商売、取引についての交渉や話し合い」とあります。私の商品で言えば、ガーっと粉という商品を取り扱って欲しい製造側（私）が、販売をしたいお店側と取引についての交渉や話し合いをすることを言います。1社対1社で商談をすることもありますが、販売先を探す製造者側と商品を探しているお店側とが何社も集まり一度に商談を行なうような官公庁等主催の「商談会」もあります。商談自体は1社ずつ行ないますが、1商談20〜30分で1日に何社とも商談ができます。私はこの「商談会」に参加することが多いです。そのような商談会の情報は、私はおもに商工会や産業支援センターから得ています。そこで申し込みをして、商談会に参加します。

私は「商談」というと、まるで面接のように見定められて、その場で取り扱うか否かが決まる、白か黒かみたいな場を想像していました。なので、いつも商談の前は緊張し、何を話せばいいのかもわからないし、しかもまったくうまくいかない（私の思う、取り扱いを即決いただくことがない）ので、商談しても意味がないとまで思うようになっていました。しかし、ここ2〜3年で商談会に多く参加し、バイヤーさんが講師を努めるセミナーなどにも参加するようになって、「商談」というもののとらえ方が変わってきました。

ズバリ「商談」とは、**自社の商品へのご意見を伺う場**と今の私は考えています。数多くの商品を見てきているバイヤーさん方に、自社の商品が市場のニーズに合っているか、改善したほうがいいことはないか、最近のお客さんの求めている傾向などを聞ける機会だと思っています。そして、「知っていただく」「知る」場として貴重な場だと今は感じています。

商談に臨む姿勢　自分の想いを素直に伝える

商談という場は緊張します。なんとなく、その空気感から、完璧にこなさないといけないという感じがあって、それも緊張する原因でした。ある時、商品のコンサルタントの方に「素直な気持ちを伝えたらいいよ」とアドバイスをもらいました。緊張していることも、商品に対する想いも、素直に言葉にするのです。「今日はうまく商品のことがお伝えできるか緊張しています」と素直に話せばいいのです。

そうすることで、自分の緊張も抜けますし、相手側もそこで「そんな失礼なこと！」と言われる方は今までお会いしてきたバイヤーさんではいませんでした。むしろ「大丈夫ですよ」と笑ってくださり場が和むこともありました。

いざ商談では、「まずは私のほうから商品についてご説明させていただいてもよろしいですか?」と尋ねます。そこでだいたいのバイヤーさんは「お願いします」と言われますので、商品ができるに至ったきっかけや、商品の特徴、どんな方に食べていただきたいのか、お客さんからの声等を、バイヤーさんの反応やお店の客層なども考慮しながら伝えていきます。もちろん、最初からそんなことはできませんが、回数を重ねると相手の欲しいだろうなと思う情報がなんとなくわかるようになります。

商談に臨む姿勢　即結果を出そうとしない

最初こそ、商談の場で白か黒かをはっきりさせるものだと思い、結果が出ないことに落ち込んで商談が嫌いになりそうでした。しかし、今は、その場でお取り扱いただこうとは思っていません。むしろ、じっくり商品についての感想などを聞ける貴重な時間だと思っています。

自社の商品の特徴や想いをお伝えした後に、先方のお店にはどのようなお客さんが来店されることが多いのか、ニーズに合っていそうかなどを聞きます。商談する相手は、商品のプロです。たくさんの商品を見てきて売れる商品と売れない商品の知識もたくさんお持ちです。その商品のプロから見て、自社の商品がどうかという視点で、バイヤーさんの反応を見ます。

「このパッケージではお客さんには伝わりにくい」「この表示は変えたほうがいい」「具体的な食べ方を記載したほうがいい」などなど、これまでにたくさんのご意見をいただいてきました。だいたい、同じような課題をどのバイヤーさんからも言われます。ズバリ、それが商品のプロから見た自社商品の改善点です。自分にはこだわりがあってそうしているかもしれないけれど、商品を売るプロがそれでは売れないと言っているのだから、そこは真摯に受け止めて改善策を考えるべきだと考えます。

すぐにこの思考になれたわけではありません。「うちの商品のことをよく知らないのに……」とも思ったこともあります。まるで否定されているように感じたこともありました。しかし、ここで通すべきは「我」ではありません。「商品は想いを届けるツールである」と言いましたが、商品には、それを届けたい相手や、こうなるといいなという目指す社会や何かしらの想いがあるはずです。自分が否定されようが、そこは関係ないのです。バイヤーさんは、お客さんに届きやすくなるためのアドバイスをしてくれている、一緒に商品を届ける〝仲間〟なのです。この感覚になれた時から、商談が楽しみなものになりました。それまでの私は、「売れる商品を作りたいんじゃなくて、私の想いを届けたいんだ！」と妙に強気でバイヤーさんの意見を素直に聞けない時期もありました。しかし、そもそも売れなければ想いも届かないわけです。これに気づいた時、すごく生意気で傲慢なことをしていたなと反省をして、柔軟に対応できる姿勢を忘れないようにしようと今でも心がけています。

どんな意見が聞けるか、どんな視点が自分の中に増えるのか、プロの話を聞けるのはとても貴重で楽しく、知らなかった世界が広がります。商談は、結果を白黒つける場ではなく、プロの意見を聞ける場なのです。

商談に臨む姿勢　より商品を知ってもらう工夫を

商談は1回に20～30分程度のことが多いです。その時間の中で、自社の商品の良さを知っていただきたいと考えます。なので、食品であれば可能な限り、味わってもらうと良いです。しかも、一番おいしさを感じてもらえるであろう方法が良いです。

私の商品の場合は粉末のダシなので、お味噌とお湯で溶いて食べていただきます。あまりいろいろと味をつけ過ぎても商品そのものの味がわからないし、そのままだとどのように食べるのかのイメージも広がりません。私も、いろいろ提供のスタイルや内容を検討し、毎回その方法と内容で良いのかは再検討しています。

商談会で確認しておくと良いこと

緊張のうちに20〜30分の商談を終えて、たくさんの意見を聞けて満足！　となってしまうことが多々あります。その場で即決で取り扱いを決めていただかなくていいとしても、もちろん先々ではお取り扱いいただける可能性もゼロではないわけですから、その場で終わりではなく、先に続く接点を作っておくことが必要です。

具体的には、「商品のサンプルを送るか」「商品の見積もりは必要か」「見積もりが必要であればどなたに送るのか」などを商談の場で確認しておくとよいです。だいたい後で聞いていなくて困ることです。私は、うっかり忘れないように、自分で「商談シート」を作って、商談中にチェックできるようにしています。

商談会の後、メールでお礼をお伝えしたり見積もりをお送りしたりします。見積もりを欲しいと言われたにもかかわらず、メールにお返事をいただけないことも多々あります。そんな時、私は「あ～ダメだったか」と思っていたのですが、とある会社の社長さん（元バイヤーさん）が、バイヤーは商談会の後などは多くのメールが来て返信を忘れることもあるから、何度かメールをしてもいいんだと教えてくれました。「お見積もりをご検討いただいたその後いかがでしょう。商品に対するご意見等ありましたら、率直な感想をいただけませんか？」などとメールを送ると、思い出してもらえたり、意見をもらえたりして、そこから取り扱いが決まることもあるそうです。

「商談」のイメージがわきましたか？　このように、商談や商談会には積極的に参加することをおすすめします。バイヤーさんによって言うことが違い、自分の商品について迷いが出て、どうしたらいいのかわからなくなるということもよく聞きます。私もそう思っていたこともありました。しかし、商品のプロとの大事な接点の場です。よりたくさんの視点の意見をもらい、どうするかはもう一度自分の商品を届けたい人やその想いと照らし合わせて、自分で決めればいいのです。私の経験上、バイヤーさんの言うことはだいたい間違っていないです。なので、商談ではいただいたご意見を真摯に受け止める姿勢が大切になります。機会があれば、ぜひ体験してみてください。

6 人との出会いを大切につなぐ
──人脈の作り方

「起業」と言えば、〝人脈〟とイメージしませんか？ 起業したての人が、人脈を作るために人の集まるところに顔を出したり、パーティーに参加したりすると聞いたことがあります。実は私、この〝人脈を作る〟というのが、とても苦手でした。きっと私の偏見だと思いますが、上辺だけの関係を〝人脈〟のために作っているようなわざとらしさが苦手でした（だいぶひねくれています）。

というのも、私がザ・起業女子となり始めたころ、とあるセミナー講師が、自分のサービスの〝お客さんになりそうな人たち〟がいるセミナーやコミュニティに参加して、自分のことを知ってもらって仲良くなり、自分に興味をもってもらいサービス購入の見込み客とすると話していたんですね。自分を知ってもらう活動として普通なのかもしれないけれど、その時の私は、「興味がありそうにセミナーに参加しておいて、自分のお客さんにしていくんだ……」と引いてしまいました。まるで人のふんどしで相撲を取るというか……、私にはそれはできないと思いました。もちろん、自然にそうなる時もあります。しかし、それを〝狙って〟行くというのが腑に落ちなくて、拒否反応が出過ぎたのかもしれません。

結果、私は極端にそれを「やらない」方向に振り切ったのです。ビジネスのつながりで、お客さんになりそうな人にあえて商品の話をしないなど、今思えば、自分で商品が広がらないようにしているも同然です。自分の商品を紹介すると、お客さんになってほしいと言っているようでそんな自分も嫌でした。そもそも人脈を〝作る〟というのが好きではありません。〝自分のため〟みたいな身勝手さが好きになれなかったのです。とことん、ビジネスというものに向いていない性格だと思います。

その考えに変化があったのは、この1年ぐらいです。というのも、看護師のパート先で、私が大学生のころから講義などに来られていた大先輩の訪問看護師さんの講演を聴いた時でした。その方は、地域の中で長く訪問看護師をされていて、人望も厚く、医師からも頼りにされ、その世界でその方を知らない人はいないというぐらいの存在です。多くの方との関係性が見て取れるようなお話が聞け、その方のお話を聞くのが私は好きなんですね。その方がある講演の中で、「人との出会いを大切につなぐ」と言われたのです。出会った人との関係を大切につないでいくことで、自分が困った時に必ず力になってくれる関係が築けると話していました。

人脈は作るものではなくできるもの

人脈を自分のビジネスのために〝作る〟のと、出会った人との関係を丁寧に〝つなぐ〟、この微妙なニュアンスの違いがわかりますか？　極端に振り切った私は、人脈を作ろうとしない代わりに、出会ってきた人との縁を大切に丁寧にしてきただろうか？　と自分を振り返りました。

それからは、媚びているようで苦手だったけれど、出会う人とコミュニケーションを積極的に取るようになりました。もしかすると、これまで失礼な人のように映っていたかもしれません。何かの会に参加しても、自分から名刺を持って声をかけまくる……みたいなことが苦手でしたが、今は自分から積極的にご挨拶させていただきます。

自分の商品や自分に利益があろうがなかろうが、出会えたことに感謝してご挨拶とお話をさせていただく。思わぬところから話が広がることもありますし、思ってもみなかった視点や仕事の話を聞けることもあります。今の私は、この「人とのご縁」に助けられていることをおおいに感じます。

人脈は作るものではなくて、〝できるもの〟だと思います。自分のお客さんにしようとか、利用しようと考えていると、なんとなく雰囲気に出ます。焦って力んで人脈を作らなくても、出会ったご縁を大切につないでいけば、必ずそのご縁が巡り巡って良いご縁につながっていくと私は確信しています。

これから起業を考えている方や起業したばかりの方は、人脈のための無理な行動はやめて、目の前にあるご縁を一つひとつ大切にしていくことをぜひやってみてください。人脈は作るものじゃなくて、結果振り返ると〝できていた〟というものです。利用しようと近づくと、結局自分も利用されるような関係しかできなくなります。そんな中でやるビジネスは、まったく楽しいものではありません。

そうそう、自分のビジネスの分野とまったく畑の違うパート先でも、今回のようにひらめきやヒントをもらうなど、ご縁がつながっています。こう思うと、自分の事業とパートという働き方も悪くないな、むしろ良いことずくめだな、と感じています。

7 お客さんに届けるSNS

今や、ビジネスに欠かせない存在となっているSNS。もちろん、私も活用しています。起業したころはFacebookにAmebaブログ、今はインスタグラムを中心にSNSの発信をしています。インスタグラムで個人ではなくビジネスアカウントとして、お店情報の発信、商品やサービスの発信をしている方も多いです。

ただSNSは、自分でやっていると客観的に見られなくて、お客さんの欲しい情報が提供できているのかわからなくなる時があります。一概にこの方法が良いというものはありませんが、ビジネスをやっている以上、お客さんにとって有益な情報を提供する必要があると考えています。とは言え、私も投稿の内容などは悩みます。ページを訪れてくれた方は自分の商品やサービスの何を知りたいだろう？　と思いながら今はやっていますが、一時はプライベートな投稿も趣味の内容も全部ごちゃまぜになっていました。それではこちらの一方的な発信になってしまいます。案の定、あまりリアクションのもらえないアカウントになってしまいました。たとえば、私個人のことは知らなくて、ガーっと粉という商品を知りたくてページを訪れてくださった方にとっては、私個人の情報は興味ないのです。少しならまだしも、そればかりになると、商品を目的にフォローしてくれていた人にとっては、別に見たくない情報です。特定のアカウントをフォローするのは、自分にとって欲しい情報があるからではありませんか？　そう思うと、なんだか、すごく一人よがりなSNSだったと思います。

加えて、前項に書いたように、人とのコミュニケーションを「やらない」ほうに振り切っていたのと、スピリチュアルの教えによる「嫌なことはやめる、人のためじゃなくて自分のために生きる」ことが妙に板につき、お客さんやフォローしてくださっている方との積極的な関わりは避けていました。さらに、ガーっと粉の販売を始めて3年目ぐらいまで、何もしなくても売れる状況だったので、正直なところ商品についての情報発信を怠っていた（深く考えていなかった）というのもあります。そしてそこを正しく分析できておらず、それ以降徐々に、本当にわずかずつですが、しかし確実に売上が落ちていきました。発信を怠っていた時期のツケが来たのだと思います。

SNSでの情報発信って、日々の種まきのようなものです。今日まいて明日には花は咲かないけれど、毎日まき続けたものは何年後かに着実に花を咲かせるということを実感しています。

必要なのは双方向のコミュニケーションだった

ガーっと粉という商品にちゃんと向き合おうと販促の先生に教えていただき、インスタグラムでの発信の内容を変えました。ガーっと粉というダシは、何にでも使えるのが良さではありますが、それは料理が得意な人にとっての良さであって、料理が苦手な人にとっては何にどう使っていいかわからないのです。なので、使い方がわからないお客さんもいると思うということで、販促の先生のアドバイスでインスタグラムで呼びかけ、普段使ってくださっているお客さんからガーっと粉を使ったレシピを募集したのです。必然的にお客さんやフォロワーさんとのコミュニケーションが増えます。加えて、お客さんとコミュニケーションが取れるような問いかけなどもストーリーズで発信しました。そうすると、これまで見ているだけだったフォロワーさんからリアクションをもらえたり、リアクションをきっかけにメッセージのやり取りをしたりと、コミュニケーションが生まれていきました。

まさに「出会ったご縁を大切につなぐ」です。お1人お1人とのコミュニケーションを大切にメッセージのやり取りをさせていただきました。すると中には「返信してもらえると思っていませんでした！」と言われる方もいらっしゃいましたし、ガーっと粉を地元のバザーで販売することは可能かを聞いてくださる方もいました。一つひとつのコミュニケーションを取っていってわかったことは、私は一方的な情報発信をしていたし、お客さんにとって声をかけにくい存在だったということでした。

このレシピ募集や皆さんが提供くださったレシピの発信をしながら、双方向のやり取りをすることで、驚くことに商品の発注が増えていったのです。お取り扱いいただいているスーパーは私もいつも買い物に行くのですが、目に見えて在庫がぐんぐん棚から減っていくのです。どこかで影響力のある人が紹介してくれた!?　とも思いましたが、あまり思い当たることはありません。きっとSNSを通じてお客さんとコミュニケーションを取ったこと、レシピの投稿をしていったことで「使ってみたい」と思ってくださった方が増えたのかなと分析しました。まいた種ってこんな風に花を咲かせるのね、とわかった出来事でもありました。

この経験から、SNSとはお客さんが欲しい情報を丁寧に届けて、そこからまた何らかの反応をもらい……と、双方向のやり取りで成り立つツールなのだと感じました。

私が言えた立場ではまったくないですが、その視点で見てみると「自分」のことは発信するけど、肝心なサービスや商品のことは発信されていなくて、買いたいお客さんにとってはわかりにくいSNSになっているものって、けっこうあります。

商品を買う時、「誰が」作っているかも大事な要素ではありますが、その前に第一に「商品」のことが正しく認識できる内容がないと、お客さんは買うという行動に出られません。届けたいお客さんに届いていない可能性もあります。自分でやっているとわかりにくいからこそ、第三者の目を入れて見てもらうというのも有効です。

8
「誰が作っているか」は最後の味付け程度に

商品を買う時、大手企業は別として地元の農家の野菜や加工品など、生産者の顔が見えると親しみがわき、顔が見える安心感からか、同じような価格帯の商品だったら顔が見えるほうを買いませんか？　ここ数年、商品のパッケージに作っている方の写真が載せられているものが増えて、「誰が作っているか」が商品を選ぶ選択肢に入ってきました。

たしかに、作っている人の顔やそこに至るストーリーが見えると〝ファン〟になります。ファンビジネスという言葉があるように、アイドルとか有名人の話だけではなく、一般人でもその人のファンになって応援するという行動が見られます。ファンビジネスでは、商品を選ぶというより、「その人が作っている商品」ということに価値があります。つまり、「その人」が作っていれば、誤解を恐れず言えばどんなものでも売れるのです。

個人事業主や小規模の会社の場合、宣伝力や生産力を考えても、価格で競争できない分、ファンになってもらえたほうが売上を上げやすいです。私も、ガーっと粉を販売し始めたころ、〝子どもの不登校がきっかけで看護師を辞めてダシを販売している〟というストーリーがなかなかキャッチーで、同じような子どもを持つお母さんが多く応援してくれていました。ファンになって応援したくなる心理は、消費者としてもよくわかります。作り手がどんな想いで、どんな考えの人柄か見えたほうが買いたくなるよね! と思ったのです。そして私のダシのような名もなき商品が売れた要因はそこにあると確信していたのです。

しかし、これがいつの間にか、〝自分を売る〟〝自分を売ったほうが良い〟に変換されて、その方向に力を注ぐようになってしまいました。そうです、私という人を知ってもらってから商品を知ってもらうという流れに力を注いでいた時期があります。

なので、商品も〝自分推し〟。自分ありきの商品づくりをしていました。私は看護師を辞める前からブログで発信をしていて、その時の「熊子」というニックネームがありました。熊子さんと呼ばれていたので、最初はそのまま「熊子のガーっと粉」を商品名にしていたのです。パッケージも熊の絵がメインです。

熊子を説明できる媒体ではいいかもしれません。しかし、販路を拡大しようとした時や、スーパーなどの店頭に置いてもらう時、〝私(熊子)〟を知ってもらうには、売り場のスペース的にもお客さんに伝える情報量としても難しさが出てきます。〝自分推し〟から商品だけで選んでもらえるような商品づくりをするまで、自分の頭の中を変換するのに、すごく時間を要しました。

実はその部分は、商談の時などにバイヤーさんにも指摘はされていました。いわゆる、バイヤーさんにとって〝売りにくい商品〟です。味は良いと何人にも言っていただいていました。しかし最後に話がまとまらないのは、きっとこの〝売りにくさ〟があったのだと思います。一歩外に出ると、〝自分〟で勝負するよりも〝商品〟で選ばれるようになります。そのことに長らく抵抗していました。私を知ってもらって選ばれるから価値があると信じていたからです。しかし、売る場所が変われば方法も変わります。関わってもらう人が増えるほど、自分ありきの商品では広がりません。そもそも、多くの人に手にとってもらいたい想いがあるわけですから、広がりやすい方法にシフトチェンジしていかなければと納得できるまでに1年ぐらいかかりました。

まずは商品の良さで選んでもらえることが大切

今、〝自分推し〟を抜けてみて、誰が作っているのかは最後の味付け程度がいいなと思っています。まずは、「商品」でしっかり選んでもらえるものを作ることが先です。見た目や味、原材料など、自分の届けたいお客さんに手に取ってもらえるような商品づくりをすることが大前提だと思います。良い商品だなと思ってもらえて、少し踏み込んで知ってもらった時に、「そうなんだ！　子どもさんが不登校で看護師を辞めてこの商品を作っているのね」と知ってもらったほうがより意外性があります。

自分の手の届く範囲だけなら〝自分推し〟でも良いです。しかし、より遠くの人にも届けたいのであれば、商品をしっかり作り込むことが大切になります。

ちょうどこの原稿を書いている今、ガーっと粉のパッケージが変わります。食品表示法への対応で変更をするのですが、これを機に〝自分推し〟は封印しました。一つの商品として、いろいろな方の手を借りて、まだ見ぬお客さんへ届けたいと思っています。最初の頃から知ってくださっている方は、熊の絵がなくなることに寂しさを感じてくださるかもしれませんが、私にとっては、新たな一歩です。商品のパッケージは、商品の顔です。その商品が何であって、どういうものなのかが、パっと見で把握できるものでないと、購入するというところまでいきません。スーパーの棚の前で、何分もじっくり選ぶというのは、なかなかできません。通り過ぎながら、ふと目に留まった商品を手に取り、表を見て裏を見て……「で、これは何？」と数秒から1～2分の間につかめなければ棚に戻されるのです。そういう意味で、「熊子のガーっと粉」という商品名では、いったい何なのか初めて見る人にはわからないのです。

商品を今すでに持っている方は、自分の商品を点検してみてください。そしてまったく知らない人に見てもらってください。できれば、商品を多く見ているバイヤーさんのようなプロが良いですが、知り合いの知り合いみたいな人でもいいです。あなたが作っているのかを抜きにしても買いたくなる商品か、心に留めておいてほしいと思います。

バイヤーさんにさんざん「何かわからない」と言われてきた従来のパッケージ。

商品が「何か」を明確にして、手に取ってもらいたいメインターゲットへ届きやすいイメージへ変更しました。商談会でバイヤーさんからいただいたアドバイスや案をフルに活かして完成したパッケージ。

5章

ビジネスにまつわる「お金」のこと

1 自分サイズで無理なし経営

——起業にかかるお金

起業するとなると「すごくお金がかかりそう……」と漠然と感じると思います。ここでは、個人事業主の起業についてお話しします。個人事業主で起業しようと思った時、税務署に「開業届」を提出するのですが、この開業届を提出して起業すること自体は無料です。インターネットからダウンロードできる様式に沿って記入して、提出するだけです。役所関係に提出するどの書類よりも、あっさり提出して終わりです。

一方、法人設立となると、定款などの書類を整えたり、資本金や登記をするための登録免許税がかかったり、設立だけで最低数万円はかかります。

その他、起業当初には最低限、パソコン、携帯電話があればできるように思います。もちろん、材料の必要なものであれば材料費がかかります。携帯は、持っていない人を探すほうが難しいでしょうから大丈夫だとして、パソコンを個人的に持っていない人は、取り急ぎはタブレットでもスタートできます。

初めから場所を構え、大きな設備投資や大量の資材購入をすることはおすすめできません。もちろん、事業計画のもと大きな設備投資をして事業をスタートすることもあります。しかし、女性・ママが働き方の一つとして選ぶ起業では、まずはできる範囲からお試し的にスタートするのが良いと思います。

たとえば、飲食系をやりたいのであればいきなりカフェや工房のいわゆる〝箱〟を構えるのではなく、私ならまずは友達からでも食べてもらって反応を見たり、SNSで興味ある人を募って、お茶会などを開催して意見をもらうことから始めることを思いつきます。

次の段階では、実際に販売です。最近では、営業許可があってレンタル可能な場所も増えてきたので、そのような場所を1日単位で借りてイベントをやってみるという方法もあります。販売する食品の種類によって必要な営業許可が違うので注意が必要です。お菓子であれば、菓子製造の営業許可のある場所が必要です。このあたりは、最寄りの保健所に確認してください。

私が起業した6年前より、いろんなチャンスや機会が広がっているように思います。商店街の空き店舗を利用したチャレンジショップなどもあります。月額での契約で販売スペースをレンタルできるところもあります。起業というと、まずお店を構える！　と思いそうですが、最初は大きな固定費をかけないこと、できる範囲の中でじっくり進めていくのがコツです。

実際に私が事業にかけた費用

実際、私がダシの販売を始めた当初は営業許可が必要ない業種だったこともあり、自宅で製造していました。もちろん、すべてアルコール消毒をしたり専用のシートを広げたりして衛生的に製造できる工夫をしていました。ここでは看護師の清潔と不潔の概念がおおいに役立ちました。

私が起業してから6年間でかかった大きなお金は、ダシを粉砕する機械代20万円程度、脱気シーラー（真空状態にして圧着し封をする機械）40万円程度。これをダシの製造を始めて1年以内に揃えました。起業直後は、家庭用の機械を3台使って回したこともありますし、脱気シーラーは持っている方に使わせてもらっていました。そして、3年目ぐらいに、自宅の敷地内に2・99坪のコンテナハウスを設置してそこを製造場所としました。そのコンテナハウスがエアコン付きで設置費込で90万円程度でした。食品を扱うので衛生面を考慮して新品を選びましたが、中古であればその当時（2021年ごろ）で20万円からありましたよ。

大きくかかっているお金はそれぐらいで、あとは原料の仕入れ代とパッケージのデザイン料、印刷物の印刷料などがかかっています。大きな設備投資や機械の購入も、最初は不便ではあるけれどできるところからやりました。そう考えると、最初にかかるお金って、パソコン代くらいなのでは、と思います。案外、少ないと思いませんか？

「一般的な」成功の形にとらわれない

一方で、大きく先行投資するから還ってくる利益も大きいのだなと、事業をやっていて思うことがよくあります。私のようにママで起業する時に、もちろんそれが可能な方もいますが、大半はそうではないのではないでしょうか。いきなり大きなお金を動かすのは怖いものです。なので、私は少しずつ手ごたえを見ながら規模を大きくすることを考えたらいいと思います。世間の「起業と言えば！」な常識に当てはめようとすると「あれ？　これがやりたいことだったっけ？」となることがあります。

というのも、私の商品であるガーっと粉®が最初すごい勢いで売れて、それを見た周囲の人が「工場が建つんじゃない!?」とか「工場長になっちゃいなよ！」と持ち上げてくれた時がありました。その勢いに押されて、いつしか私もその方向に力を入れ始めました。工場を建てるには、資金は？　場所は？　機械は？　わからないことだらけです。世間一般の感覚で言うならば、商品がヒットした→生産拡大が必要→設備拡大→従業員拡大、が普通なのだと思います。だから私もそれをしようとしていました。しかし、言葉は悪いですが、人は無責任に好き勝手なことを言うものです。周囲の人のおだてに乗って決断すると間違った方向に進んでしまいます。

この時は、私は島根県のよろず支援拠点で相談をしました。工場になるような製造所を持つか、場所を借りるか、それとも今のままかを費用とメリット・デメリットで比較してみることを勧められ、比較したところ、答えは一目瞭然でした。資金的なこと、現状の売上の状況から考えて、別に工場を持つことはいったんやめました。その後、ふと気づいたのです。「私は工場長になりたいんじゃない」と。

周囲は、世間一般のサクセスストーリーに乗せてきます。しかし、自分が本当にそれをしたいのか、できるのか？　を考えた時に、私にとって世間から見たわかりやすい〝成功〟の形は必要なかったのです。工場長であろうがなかろうが、忙しいお母さんたちに自分の商品が届けられたらそれでいいなと思ったのです。そのために、法的に必要な設備は整えますが、敢えて「箱」を整える必要性はその時はないと思ったのです。

商品だって、いつでも、大量に出荷できるように生産体制を整えないと、と思っていましたが、まずはそこまでの販路もありません。本当に自分の商品に今すぐ必要かを考えた時、それは必要ないという判断に落ち着きました。

世間一般に言われる方法からすると、ある意味イレギュラーかもしれません。一つひとつ必要に迫られてから増やしていったという感覚です。何億と売り上げる会社の社長になりたいというよりも、自分と家族、周囲の人に少しおすそ分けできる程度にお金と時間と幸せがあれば十分と思ったのです。

ママや女性が起業する場合、世間的な成功の基準は無理に当てはめなくても良いと思います。自分の届けたいもの（商品）は何か、届いた先でどうなってほしいか、それを無理なく届け続けられる方法はどれかを私は考えてきました。

今のところ、私は人を雇って事業を大きくする気持ちはありません。商品をもっと多くのお母さんやお客さんに届けたい気持ちはおおいにあります。今は自分で製造ができている範囲ですが、もっと注文が増えた時は、製造を委託することを考えています。自分で工場を作り、人を雇うことはしません。次のステップは、すでに設備とノウハウを持っている工場さんへお願いしようと考えています。

きっと世間のサクセスストーリーに乗ると、無理が生じます。自分のできる範囲の半歩先ぐらいを見て、自分の大切なものを守りながら無理なく、商品を届け続けられる方法を考えてみてください。きっと自分なりの方法が見つかるはずです。

2 「お金を借りる」という方法

無理のない範囲から始めると言っても、まとまったお金が必要な場合もあります。起業するために資金を貯めてからスタートするという、大変計画的な話も聞きます（普通なんだと思いますが）。しかし、私が起業したように、子どもの不登校により働き方を変えざるを得なくて必要に迫られて起業するという方も、これを読んでくださっている中にはいらっしゃると思います。そんな時、家計のための貯金を使うのは、家族の将来のためにも不安ですし、家族の理解も得られにくいと思います。

そこで、「お金を借りる」という方法があります。お金を借りるというと、なるべく借金はしたくないと思うでしょう。しかし、前項でお話しした機械やコンテナハウスは事業用にお金を借りて購入しました。借金＝悪と思ってしまいがちですが、事業における借金は「投資」でもあります。先行して投資して原料や機械等を揃えられるから、良い商品が整って販売にもつながります。「卵が先か鶏が先か」だなと事業をやっているとよく思います。

この先行投資のためにお金を借りる時に、事業計画が必要となります。先行投資をして良い商品を作ったら、売れる見込みをどれだけ現実味を持って考えられるか。何個売れたら投資した資金が回収できて、何個以上売ったら利益となっていくのか。これを考えるのが本当に私は苦手で、こういう事業計画の立て方や考え方をきちんと学んでおくべきだったと痛感しているので、あえてお伝えしています。

しかし、この知識がないからと言って絶対に無理でもありません。私は、日本政策金融公庫で資金の融資を受けました。申請書類で事業内容や商品のことを記載し、計画を書かなければなりませんが、担当してくださる方との面談で明確にしていき、必要な考え方や内容をやりながら私は学んでいきました。

とは言え、やっぱりお金を借りるのは怖くもあります。本当にうまくいくか？　本当に売れるのか？　すべて自分の決断にかかっているわけです。だからこそ、そこはじっくり向き合う必要があります。こんな話をすると、「やっぱり起業は無理……」と落ち込みそうですが、この現実も知った上で、どんな時も淡々と着実に一歩一歩進み続けたらよいのです。

3 女性、ママ起業は要注意！　セミナーにかけるお金

ほとんどの人は起業の素人で、起業しようと思うと何か学ばないといけない気がし

ます。すでに書いたように、私も起業するにあたり、ビジネス講座や起業塾にウン百万円払ってきました。そこに行けば起業のノウハウがわかって、起業がうまくいくと思っていました。特に女性の起業やママ起業などは、言葉は悪いですが〝お客さん〟として狙われています。高額セミナーがまったくの無駄とは言いませんが。しかし、2章でも書いたように注意が必要です。

起業する（orしている）のに、出ていくお金はセミナー代ばかりということになりかねません。なんなら起業しているのに、商品より「誰々のセミナーに行った」というようなことばかりSNSで発信している人もいます。線引きはケースバイケースなので難しいところですが、起業初期に国家資格や、一般的に広く認知されている資格などを取るため以外のセミナー代は、まず必要ありません。何かしらの協会や団体の作った資格などにウン十万払うのは考え直したほうがいいと思います。

起業して今年で6年目、高額セミナーを数多く受けてきた私が今思うことは、その手のセミナーは最初に必要ないということです。本気で起業するのなら、もっと学ぶべきことがあります。起業に必要な経理のことや事業計画のことなどなど、もっと基本的なことをきちんと学んでおくべきだったと今反省しています。当時はそんなの必要ないと思っていたんです。そんなのなくても「きっといい感じで導かれる」とか、事業計画とか難しいことを考えるほうが波動が下がるとか、使命に従っていればうまくいくとか……。今思うと、大丈夫か？　と思うような頭の中でした。

これから起業をしようとする時や起業初期は、やはりマーケティングや経理や会計、事業計画の立て方などの基本を学ぶのが必要だと思います。それが一時だけ稼げる起業ではなく、長く続けられる起業につながります。そしてこれらは、自治体が主催する創業塾などで学ぶことができます。しかも、数千円から地域によっては無料で受けられるところもあるかもしれません。今の私なら絶対にこの創業塾に参加します！

このような場に参加する利点は他にもあります。自治体が主催なので、その地域の方たちと顔見知りになり、つながりができるのは大きな魅力です。困った時に相談できる場所や人がいることはもちろん、私は商品を販売し販路を拡大していくタイミングで地元の人とのつながりに本当に助けられてきたので、このような場で起業に必要な基礎を学ぶことをおすすめします。

このように基礎ができて、商品ができて、販路も広がって、もっと拡大したいという時や違うアプローチで自分の商品を広げたいというようになってから、財政状況と相談の上、高額な講座やセミナーに申し込んでもまったく遅くありません。起業するため、商品を作るために、セミナーに参加してお金ばかり払って、結局セミナーに参加することが目的なのか、商品を販売したいのかわからなくなる時があります。

セミナーに参加するのは人脈づくりのため、商品や自分を影響力のある人に紹介してもらって認知を広げるためという考えもありますが、そもそも商品がちゃんとあってこそです。まずは、商品をきちんと整えること、起業の基礎を固めることが大切です。

4 「売上＝収入」ではないことを肝に銘じる

会計や経理の基礎もなく起業に飛び込んだ私ですから、起業にまつわる売上や税金のこともまったくわかっていませんでした。売上が多くなれば、税金を納めるんでしょ、程度の認識でした。個人事業主だと特に、事業のお金と家計のお金を混同しやすくなります。恥ずかしながら、つい3、4年目まで「売上＝収入」と思って、あるだけ使うことを繰り返していました。そして必要な時には、セミナーなどを開催してどうにか売上を上げるというようなことを繰り返していたのです。

しかし、事業のお金というものにきちんと向き合ってみたところ、本当に当たり前すぎて書くのも恥ずかしいですが、売上からは原料にかかったお金はもちろん、諸々の税金も引かれていきます。50万円売上があったとしても、すべてが自分の収入ではないのです。純粋な収入として使えるのは10万円あるかないかぐらいです。起業して最初に、大半の人が漠然と月収100万円を目指すように感じていますが、会社員と同じ感覚で「月100万円」の手取りを得ようと思ったら、100万円の売上では足りないのです。

商品が有形のもので単純に原価率が50％だとすると、売上100万円のうち50万円が原料などにかかったお金で、残りの50万円のうち30％程度は税金や保険料として（所得によって割合は変わります）引かれ、残りは35万円程度です。それがすべて自分の収入かというと、そこから事業で新しく何かを購入したり設備投資したりする資金は残しておかないといけません。

そう考えると売上100万円あったとしても、自分に入ってくる収入は実は10万円から、多くて20万円です。……これに気づいた時、知らずによくぞ突っ走って来られたなと愕然としました。

しかし、ある意味、これが勢いで飛び込んだ起業女子の現実ではないかなと思います。すべての起業女子がこうではないとは思います。経営の知識もあって、計画的にされている方ももちろんたくさんいらっしゃいます。ですが、私の周りにいる勢いで飛び込んだ系の起業女子は私と同じような感覚でした。

「売上＝収入」ではないことを肝に銘じて、あるだけ家計で使ってしまうことがないように、事業として新しいチャレンジもできるように、資金をある程度はストックしていける経営を目指しましょう。

あと、個人事業主はいわゆる「給与」というものがないので、自分で「給与」にあたる金額をあらかじめ決めて、決まった日付で家計に移すのも一つの方法です。

5 とりあえずコレやって！　な会計の一歩

「売上＝収入」ではないとわかったと思います。では、具体的に事業のお金をどう管理したらいいのか、とりあえずコレをやっておけば大丈夫！　というものをご紹介します。

何度も書きましたが、とりあえず勢いで起業に飛び込んだ私ですので、起業したののお金の管理の仕方なんて、〝雰囲気〟でしか知りませんでした。起業前や起業してすぐのセミナーなどで「領収書をとりあえずもらっておいたらいい」と言われたので、その通りにとりあえずもらっておきました。事業に関連するものに使ったお金だけでなく、家計とごちゃまぜで……。

ピンチは1年目の終わりにやってきました。そうです、確定申告です。ためにためていた領収書、約1年分。やっと重い腰を上げたのが、確定申告の1か月半前……。会計ソフトにも入力するらしいと、それも取り掛かってみました。が!!　恐ろしく意味がわからなかったのです。

勘定科目、現金出納、まったく何のことかわかりません。あまりにもピンチ過ぎて、会計のことに詳しい知人にSOSを出しました。その時に初めて、すべきことがわかったのです。結局この年は、複雑な帳簿の作成ではなく、簡易簿記で可能な白色申告で確定申告を行ないました。

まずは家計と事業のお金を区別する

青色申告で確定申告を行なうには、銀行預金、現金、すべてのお金の動きがクリアにわかるようになっていないといけません。青色申告は、複雑な複式簿記が必要となる分、所得から最大65万円の控除が受けられるなど、節税メリットが大きい申告方法です。開業届と一緒に「所得税の青色申告承認申請書」を提出することで青色申告が可能になります。

個人事業の場合、お金の管理が家計と一緒になりがちです。一緒になっても帳簿の上できちんと明確に処理されていれば問題はありませんが、私のような知識が曖昧な者は、そこをうまく処理できる自信はありませんでした。そこで教えてもらったのが、すべてを明確に分けることでした。事業用の銀行口座、事業用のクレジットカード、事業用の現金というように、とにかく家計と一緒にしないことです。

事業用の銀行口座やクレジットカードは、個人事業主だと作りにくい場合があるかもしれません。そんな時は、屋号の入った口座やクレジットカードでなくても、とにかく分けてあればいいので、個人の名前で作ったものや、使っていなかった口座を事業専用としても良いと思います。私はクレジットカードも、持っていたカードのうちの1枚を事業専用にしました。

そして、ポーチでも財布でもいいので、事業だけに使う現金を分けておくことをおすすめします。ちなみに私はがま口のポーチを使っています。財布ほどかさばらず、領収書なども一緒に保管できるので財布より便利です。

最初の現金用のポーチに入れるお金も、家計から入ったのか、事業用の口座から入ったのか、現金の出入金もメモでもいいので出入りがわかるようにしておきます。100均でも「入金伝票」「出金伝票」が売られています。売上や家計から事業用に現金が入った場合は「入金伝票」に、何月何日どこからいくら入ったのかを記載して、現金のポーチに一緒に入れておきます。使った場合は、領収書で基本的にはわかりますが、家計に移動させた場合や自動販売機を使った場合など、これも同じように何月何日どこにいくら出て行ったのかを記載しておくと、使途不明金がなくなります。お金の流れに漏れがなくなるのです。

それぞれの伝票の書き方に絶対これじゃないと、というのはありません。お金の流れがわかればいいので、無地のメモに書いておいてもいいのです。ここに書いたことは基本中の基本です。これができた上で、勘定科目ごとに仕分けができたり、会計ソフトに入力したりができるようになります。

もちろん税理士さんに依頼することもできます。全部丸投げ！　も可能だとは思いますが、自分で把握できる範囲の事業サイズならば経営状態を把握する上でも、ここに書いた基本をやった上でのその先を依頼するようにすると良いと思います。税理士さんも、丸投げを受け入れてくださるところもあれば、ここまではやってくださいと言われるところもあります。

無駄な時間を作らないためにも「記憶より記録」

私は、確定申告に向けて領収書などを1年間ためにためるというのを2〜3年はしました……。秋ぐらいからやらなきゃと気になり始め、12月、1月、2月と気が重い数か月を過ごします。しかも、覚えているつもりが細かなことを忘れていたりして、思い出すのに時間とエネルギーがかかるんです。その時にさっとメモでもすれば10秒ぐらいで済んだものを、後回しにするとずっと考えないといけなくなります。

ある時、この思い出すことに使うエネルギーと数か月気になりながらいることがとても非効率だと気づいて、最初の章でも書いたように家計の見直しと併せて、事業も月ごとにまとめるものを整理しました。私は、毎月会計処理に必要な書類等のチェックリスト（図7）を作って、それをクリアファイルに貼って1か月分を保管するようにしました。

これによって毎月、過不足なく必要な書類等が整理できます。「何がいるっけ？」と頭を悩ます時間も必要ありません。チェックリストに沿って、準備していくだけです。そして、それを月末で締めて、翌月の20日ごろまでには処理を終わらせて税理士さんに提出しています。

1人でやっている個人事業は、基本的に全部自分でやるので、後回しにするとさまざまな作業が集中して1人ではこなしきれない量になり、片付くまでに倍以上の時間

図7　会計処理に必要なもののリスト

年　　月	
□	領収書（現金）
□	事業用カード明細
□	A銀行通帳コピー
□	B銀行通帳コピー
□	ネットショップ売上
□	請求書
□	
□	

がかかります。すごく無駄な時間なので、効率化するためにも、明朗会計にするためにもすべきことを整理して毎月ごとに終わらせておくと、確定申告に向けて秋ごろから憂鬱を感じることなく、事業に専念することができます。

　また年齢的なものなのか、覚えていたつもりのものをすっぽりと忘れてしまうということが若いころと比べて多くなりました。なので、ズバリ「記憶より記録」です。メモをして記憶の新しいうちに処理をしておくように習慣づけると、1月ごろから個人事業主界隈が「確定申告が

〜」とざわついているのも、どこ吹く風で穏やかな気持ちでいられます。

余談ですが、私が大切にしている考えに「気がかりは人生の質を落とす」というものがあります。後回しにして気がかりを持ち続けることで、チャンスを逃したり、必要以上に時間を要したりするからです。

そもそもきちんとした性格ではないので、後回しにして楽なほうに逃げたくなりますが、そのたびに「気がかりは人生の質を落とす」を思い出し、処理を済ませるようにしています。会計に限らず、すべてに通用することです。ぜひ意識してみてください。

ということで、まずは、財布と口座とクレジットカードをすべて事業用に分ける。最低限ここからスタートしてみましょう。

6章

ビジネスをする上で必要な「マインド」

1 まずはここから始めよう
——自分の枠の広げ方

ここまで働き方としての「起業」について書いてきました。起業したい！　と思っても、なかなか踏み出す勇気がないであろうこともわかります。私も看護師で狭い世界で生きていたので、それ以外の世界に踏み出すことが怖かったですし、どう踏み出せばいいのかもわかりませんでした。

そんな私の世界が広がっていったのは、やはりインターネットからでした。ブログを読むようになり、Facebookを始め……もちろんこのインターネットやSNSとの付き合い方は気を付けないといけません。しかし、それが自分の世界を広げていってくれたのも事実でした。自分の知らなかった世界を知ってまず私がやったことは、「それまでの自分ならしなかったことをする」ということでした。

具体的には、地域で開催されるお話会などに参加しました。最初に参加したのは、地元のコープさんが主催した茶話会のようなものでした。茶話会に参加しろと言っているのではありません。私にとって、知らない世界で開かれている何らかの会に参加することは未知で、実はやったことがなかったのです。子どもが3人もいながら子育てサークルなどにも行ったことがありませんでした。

それぞれ個人によってその対象は違うと思います。仕事以外のプライベートな時間を使って、何か習い事を始めてみるのもいいかもしれません。地域のコミュニティに参加してみるのもいいかもしれません。とにかく「今までの自分ならしないな」ということに勇気をもって踏み込んでみるのです。

今までと違う行動をすると道が開けることがある

私が農業をしたいと考えていた時、一度だけ友達に誘われて参加したイベントにいらした農家の方が、御礼のハガキをくださり、そこに書かれていた携帯の番号にいきなり電話したこともありました。そして、ちょうどマルシェをやっているから、よかったらおいでとお誘いを受け、行かせてもらいました。この一件から、その後一緒に農業をさせていただき、いろんな体験やイベントを一緒にやらせていただくご縁へとつながりました。

もちろん、こんなことそれまでの私ならしなかったことです。「おもしろそうだな」と思っても、知らない人ばかりのところに行くのは苦手で、見て見ぬふりをしてきていました。飛び込んだ先にどんな展開やご縁が広がるのかは未知です。そこで広がらなくても、そこでつながったご縁でまたどこかにつながるかもしれません。

きっと今の私を知っている人からしたら、そんな私だったことが信じられないと思います。今の私は、突然声もかけますし、どこにでもいきなり電話しますし、気になるところには1人でも行ってみます。こんな風に〝自分ってこんな人〟と思い込んでいる自分の枠を一つずつ広げてみるのです。その先には、思ってもみなかった道が開けると思います！

しかし、ママや女性をお客さんにしたいビジネスがらみのコミュニティもあるので、しっかりかぎ分けて参加してみてください。

2　自分を信じて「行動あるのみ！」の心意気

私が起業してからの6年を振り返ると、基本的に〝勢い〟しかなかったと思います。勢いと行動力だけは自信があります。もちろんずっと勢いだけではいけませんが、勢いが必要な時もあります。

私が商品を販売し始めた時は、今思えば、完全にノリと勢いでした。「友達が売ってほしいって言った」から、じゃあ商品にしてみちゃう!? から始まって、次々にこれもあれもいるらしい、と商品づくりの世界に入っていたという感じです。

もちろん、失敗も数知れず、お金を失って終わるということもありました。それでも今こうして、長年の夢であった本を書くことにその経験が活きているのだから、人生はわからないものです。一歩一歩確実に進むに越したことはないけれど、時にはノリと勢いも大切です。特にスタートダッシュの時期には。

考えすぎて、実行に移せず終わったということはありませんか？　リスクを負わなくてもいい代わりに、ずっと「できなかった」「やりたかった」という後悔の念が残り続けるでしょう。

しかし、家族や子どもがいるとそんなに無鉄砲なことはできない……というのもわかります。むしろ私はそれに後で気づいたくらいの勢いだったわけです。失敗や後悔がいけないわけではありません。それがあるから、次にすべきことがわかったり、進むべき道がわかったりします。ただ、私が体験したことの中には、あえてしなくてもいいかなという失敗もあります。だからこそ、同じ思いはしてほしくないと思って書いています。

働き方の一つとしての起業のスタートであれば、「実はこれやってみたかったんだよね！」というものも、始めやすいのではないでしょうか？　自分には何もないと思うかもしれませんが、自分が気づいていない才能があるかもしれません。自分の可能性を信じてとりあえず、やってみたいことに飛び込んでみてはどうでしょう⁇

やってみたいことがあるなら、やってみたらいいのです。怖いことがあるのなら、少しずつやればいいのです。全財産と人生をかけて、最初からやらなくてもいいのです。まずは、近しい友達に「実はこんなことしたい」と〝話す〟という行動でもいいかもしれません。それを話したことで、それを聞いた友達がそれに興味のある知人を知っているかもしれません。動いてみた先にしかわからないことがあります。

私が起業をしたきっかけでもあった、子どもの不登校。小学校のころは本当に悩みました。「ずっとこのままだったらどうしよう……」と車の運転をしながらもテレビを観ながらも四六時中考えていたこともあります。でもふと思ったんです。〝一寸先は闇〟というけれど、一寸先なんて、良くも悪くも実は何が起こるかわからないなと。今と同じ延長ではないかもしれません。

しかし、とにかくわからないことに飛び込むことなんて怖くてできないという人もいるでしょう。そんな方は、それがいけないということはありません。ただ、起業は向いていないかもしれません。起業がすべてではないので、別の方法で収入の入り口を複数持つような働き方や、正社員で安定したお給料をもらうというのも大切な選択です。

無責任に煽っているわけではありません。痛い目に遭わないような行動の取り方をここまで書いてきました。人生は一度きり。やってみたい時に、大きなリスクを抱えすぎず、挑戦してみてくださいね。

3 「想い」は熱く、しかし目線はお客さんに

勢いで飛び込んだ私ですが、商品に対する想い、商品を使ったお客さんがこうなってくれるといいなという想いは強くありました。また商品づくりの素人とはいえ、商品に対するこだわりや想いもしっかりありました。というか、むしろ〝想い〟だけは強かった！　熱い想いを持ってさえいれば、それは伝わるものと、変な自信もありました。しかし、商品のプロのお話を聞くと、お客さんを思っているようで自分よがりだったなと、今では思います。

〝想い〟はもちろん熱くあっていいんです。熱くないとダメとも思います。でもその熱さって、適切にお客さんに伝わらないと本当に届けたいものは届かないのです。商品は自己アピールの道具ではないのです。

素材にこだわったものすごく良いものだから、お値段は張るけどそれは仕方のないこと！　というのはやや乱暴であると3章でも書きました。伝統工芸品などは高額でやり取りされる性質の商品もあるとは思いますが、そういうものではない商品だとして、お客さんの目線に立った時にどうでしょう？　良いものとわかってはいるけれど高すぎて買えない……となったならば、届けたいものは届きません。こちらの熱い「想い」をそのままぶつけるのではなく、本当に届けたいものを吟味して、その弊害になっているものがあれば企業努力で改良していく必要があると思います。

どんなに想いがあっても伝わらなければ意味がない

私の場合、商品名は最初から私のこだわりでした。「ガーっと粉®」で商標登録しているぐらいです。商品名としておもしろいし、キャッチーだし、いいじゃん♪　とお気に入りでした。私の周囲のお客さんも気に入ってくれていたので、自信がありました。

しかし、商品のプロから見たら「ガーっと粉」って何かわからないと言われたのです。そんなバカな！　と思いました。「わかってないなぁ～」なんて失礼極まりないことも思いました。私の周りのお客さんは喜んでくれているし、味があっていいと思っていました。でも、お客さんの目線になりきれていなかった。

私は自分の周りのお客さんしか見えていなかったのです。私が届けたいのは「忙しいお母さん」です。「忙しいお母さん」は島根の私の周りにだけいるわけではありません。日本全国にいます。なんなら世界中に！

私をまったく知らない人が、商品だけを手に取って「この商品良さそう」と買ってくれてこそ、私の届けたい想いが伝わったと言えるのです。視野が狭かったと思います。お客さんからしたら、熊の絵のガーっと粉って、はっきり言って何かわかりません（168ページ参照）。熊の粉が入っているのかと言われたこともあります。ジビエかと思ったと言われたこともあります。それをおもしろがってもいましたが、おもしろがっている場合ではありません。おもしろがって買ってくれる人は、100人に1人ぐらいでしょうか!?　まぐれで手に取ってもらえるものじゃなくて、お客さんがこれは自分に合いそうだと思って、価値を感じてもらい購入につながるものをスムーズに作るべきだなと気づいたのです。

「忙しいお母さんに届けたい」とお客さんを見ているようで、自分しか見ていなかった。ガーっと粉を販売し始めて6年目ですが、ここからが商品として届いてほしいお客さんに届けるスタートラインだなと思っています。

4 お客さんあってこそ成り立つ「お商売」

熱い想いは持っても、目線はお客さんにとお伝えしました。当たり前のことですが、お客さんがあってこそ「お商売」は成り立ちます。自分の作る商品を買ってくれるお客さんがいるからお金を得ることができて、商品を作り続けられたり、新しい商品を作れたり、自分自身も生活できます。何度も言いますが、届いてほしい想いがあるのなら、作り続けられなければ意味がありません。

「お客様は神様」という言葉もあります。しかし、私はそこまでは思いません。神様と崇め奉ると、何をされても言われても、こちらが従わないといけないというようなニュアンスを感じます。もちろん決して、お客さんを下に見ることはありませんが、商品を通して対等な関係であると思っています。こちらは、商品という形でなんらかの「価値」を提供します。その対価としてお金をいただくのがお商売です。

なので、商品に対するご意見やご要望はしっかりお受けします。しかし、その要望通りにできるかというと、さまざまなことを吟味した上で、その通りでできかねる場合もあります。一時期は、自分がこれでいいと思っているんだから、いろいろ言われたくないと思っていたこともありますが、今は、貴重なご意見であると感じます。そこには、商品がより良くなり、お客さんに届きやすくなるヒントがあるからです。

嫌なことがあってもSNSには書き込まない

最近よくSNSで〝こんなお客さんがいた！〟という発信をしている投稿を見かけます。もちろん、お店側も人間なので、嫌な気持ちになることはあります。お客さんのほうが明らかにマナー違反なこともあるでしょう。しかし、それを見たこれから行きたいと思っていたお客さんや、すでに通っているお客さんはどう思うでしょう？「自分も何か言われるかもしれない」「要望を言うと、こんな風に晒されるかもしれない」と、良い印象は持ちません。

セミナー講師でもよくこの状況を見ます。実際にいたお客さんのことをSNS上で苦言を呈するように投稿しているのですが、これを見たそのセミナーに通っているお客さんはどう思うでしょう？　その講師に嫌われないように、気を使うようになります。それはまったく対等な関係ではなく、どこか相手を自分の思い通りにしようとしています。ある講師はSNS上で、誰かわかるような内容で悪口ともとれる投稿をして、セミナーに通っている人たちはそれを持ち上げるコメント、賛同するコメントを書いていて、まるで大人のいじめのようだと思いました。わざわざ誰もが見えるところで言う必要のないことです。嫌な気持ちがしたことは、ごく親しい仲の人に話して解消すればいいのです。

素直な気持ちを表現するのはいいですが、結果的にお客さんは離れていきます。お客さんに届けられなければ意味がないのに、です。何をされても我慢しないといけない、とは言っていません。発言には気をつけないと、届けたいはずのお客さんが離れていって、お商売として成り立たなくなると言いたいのです。

「何のためにお商売をやっているのか」、この軸をいつも自分の中心に置いておくと、さまざまな判断を迫られる場面で選択を間違わないように思います。

5 餅は餅屋
——プロの意見に耳を傾ける

私はけっこう、なんでも自分でやろうとします。というか、誰に頼めばいいのか、どこに依頼すればいいのかわからないからというほうが多いのですが。起業して6年、今思うことは「やっぱりプロにはかなわない……」ということです。自分でもいろいろ調べて、かなりの結果を出せることもあります。しかし、プロはもっと整った道を知っているのです。

私が一番それを感じたのは、販路拡大に関してでした。もちろん、これも知らないがゆえですが、取り扱っていただくお店を増やすには、自分が一所懸命SNSなどで発信して広く認知されて、見つけてもらうという方法が良いのだと思っていました。自分で道を切り開いてこそ！　という感覚もありました。

思えば、これまでも新設大学に入学してゼロのところから仲間といろいろ作ったり始めたりという大学生活を送りました。看護師時代には新しく立ち上がった部署でゼロから作り上げることをやってきました。どうもパイオニア癖!? があるらしく(笑)、なんでも工夫してやってしまいます。もちろん、これも間違いではありません。

ある時、バイヤーさんが講師の、商品を改良するセミナーに参加しました。素人なのに変に商品づくりに自信があって、参加はするけれどどこまでアドバイスを聞けるだろうと思っていました。案の定、バイヤーさんのアドバイスが腑に落ちなくて、行動を起こすことに抵抗していました。実のところ、途中で辞退しようかと思ったぐらいです。

でも悩みに悩んで、一度アドバイス通りにやってみようと思ったんです。素人の私には腑に落ちない、プロの視点です。こう書くと、明らかにプロのアドバイスを聞きそうなものなのに、妙な「こだわり」が強いとそこが受け入れられないのです。そんな個人事業主の方もいらっしゃるのではないでしょうか?

その結果、現在、販路は拡大しています! 自分では絶対にお取り扱いまでこぎつけなかったであろうお店にも置いていただいています。自分で作って、自分で広げてこそ! と思っていた私でしたが、プロにはプロの道があることを痛感しました。

それまでの私は、まるで草がボーボーで先も見えない荒野をひたすら草をかき分けて突き進み、通りすがりの村人が買ってくれたら喜び、たまに大きなお屋敷にまとめて買っていただけて喜び、また草をかき分けて「出会えるその時」を見えない中突き進んで開拓していることに満足しているような状態でした。上を見上げると綺麗に整備された高速道路が走っているのに、です。プロが作った綺麗な道です。料金所でしっかり手続きを踏めば、目的地まで進んでいけるのです。プロの手にかかれば、きちんと商品が広がっていったのです。この時プロのすごさを実感しました。

プロが手をかけたくなる、道に乗せたくなる、売れると見込める商品を作ることが大前提です。このために、しっかりプロの意見に耳を傾けるのです。自分が持っているこだわりって、お客さんにとっては〝そこじゃない〟ということもよくあります。その匙加減をプロはよくわかっているのです。

自分にもそれなりにプライドはあります。だから助言をされても、抵抗が生まれます。しかし、何度も書いているように、「誰に何を届けたいか」を考えた時、取るべき選択はおのずと見えてくると思います。

プロなら誰でもいいわけではないので要注意

どのプロに話を聞くかも重要です。そこは、その道の長年の経験があり、しっかり実績を持っている方、社会的にも信用のおける会社を経営している方、またはその会社に所属している方などがやはり信頼できるやり取りができます。その道のプロのように見せかけて、実績もさほどなかったりするような方もいらっしゃいます。見分けられないときは、官公庁の主催するセミナーや講座などからその道のプロを探すのが良いかと思います。官公庁主催のセミナーで講師などをするということは、ある程度の実績と信用がないとできないからです。ぜひそのような場に足を運び、プロの視点に触れる機会を持ってみてください。

6 謙遜ではなく謙虚な姿勢を大切に

日本人は、褒められることに慣れていなくて、褒められるとついつい「そんなことないです」と謙遜してしまいます。実は私も、「起業して事業も成功してすごいですね!!」と言われた時など、本当にすごいなんて思ってもいないということもあるのですが、ついついい「そんなことないです〜たまたま（うまくいったん）ですぅ〜」なんて言ってしまいます。つい最近までこんな風に言っていたし、今でも癖で出てしまう時もあります。

しかし、ある起業している方と話をしていて、事業の内容を伺っていて「すごいですね!!」と言ったら「そんなそんな、ちょっと勉強してやっただけです」と言われたんですね。これを聞いた時、なんだかモヤっとしました。健康に関わるお仕事だったので、ちょっとの勉強でサービスを提供されるのは嫌だな、と思ったんです。もちろん謙遜なのはわかります。だけど、その言葉と言葉の発する印象から、サービスを受けたい気持ちにはなりませんでした。

この時、自分の姿勢も振り返って、同じことをしているなと気づいたんです。この言葉の使い方は、お客さんはこんな印象になるのだとわかりました。私が「テキトーに作ってできたダシです」と言うのと、「忙しいお母さんに届いてほしいと思って作っているダシです」と言うのでは、どちらが買いたくなりますか？　一目瞭然で後者ではないでしょうか？

この経験から、謙遜はいらないと思うようになりました。横柄な態度で自信満々を演じないといけないというわけではありません。謙虚な姿勢で、いただいた言葉を「ありがとうございます」と受け取ればいいのです。

「超一流」でなくても「あなたの提供するもの」が欲しいお客さんがきっといる

自分よりすごい人なんてたくさんいるわけですから、つい「私なんて……」と考えがちです。しかし、お客さんにとっては作り手が「私なんて……」と思っていようが関係ありません。どんな商品なのかを第一に見ているのです。届けたいものがあるのだから、その「想い」には自信をもって堂々としていればいいと思います。と、書きながら、自分に言い聞かせています。

起業してから今日まで、よく思うことですが、みんながみんな東大の教授や高級フレンチのシェフにならなくてもいいのです。もちろん、東大の教授に教えてもらいたい、高級フレンチを食べたい人もいます。しかし、一方で学校にも幼稚園、小学校、中学校、高校などあるように、その人の段階によって教えてもらいたい人は違います。

まったくその分野のことがわからないから、例えていうなら幼稚園レベルの内容を教えてほしいと思う人もいるでしょう。または、高級フレンチを食べたり習ったりしたい人もいれば、ちょっと自分より料理の上手な身近な人に、今晩の食卓に並べられる簡単おかずを習いたい人もいます。私自身も、あまりにすごい先生の所に行くと、気後れしそうです。身近な存在に聞きたい時もあります。

つまり、「もっと自分よりすごい人がいる」と思ってしまうのは当たり前なことなので、私はそこを見るのではなく、今自分の持っているレベルの内容を欲しいお客さんもいると、自分が届けたい対象のお客さんを見るようにいつも意識しています。きっとあなたが提供できるものを待っている人がいるはずです。

これまで自ら発信していなかった人にとっては、世界に向けて自分の商品を発信するって最初は怖いものです。その怖さからついつい謙遜してしまいますが、自分がお客さんだったら、どんな人から買いたいだろうと考えれば、取るべき態度は一目瞭然です。謙遜ではなく、謙虚な姿勢でお客さんと向き合う、その心得を忘れないでくださいね。

7章

起業をサポートする公的機関
―資金なしでも助けてくれる強い味方

1 公的機関を活用するための心構え

公的機関にも国や県や市町村、またその委託機関、商工会、税務署、金融機関などさまざまあります。起業してやっていく上で、これらの公的機関との関係は切っても切り離せません。これらを活用しない、まったく関係を持たないこともできるかもしれませんが、私はこれらの公的機関の力をおおいに借りるべきだと思っています。

私も今日までたくさんの公的機関にお世話になってきました。なんとなく気が引けて、アクセスしていない時もありましたが、いろいろつながりができると、活用しない手はないと思えるほど、さまざまに手厚くサポートをしていただけます。そんな公的機関を活用するための心構えをここではお話ししようと思います。

前項の謙遜の話にも通じますが、起業当初の私は、素人が勢いで起業してなんとかかんとか進んでいる状況だったので、他の企業の方や個人事業主の方と肩を並べて事業をしていると言うことに気が引ける気持ちでいました。

事業規模も大きくないし、「そんな事業規模で!?」と思われそうで、場違い感を長らく感じていたのです。起業した後に、「商工会は大きな企業さんを相手にしていて小さな個人事業主は相手にされないよ」なんて聞いたこともあります。もちろん、実際はそんなことありませんでしたが。

規模の大小は関係ない！ 公的な支援はありがたく受けるべし

「そんな事業規模で!?」など、結局見下しているのは自分であって、自分の自信のなさがネックになっていたように思います。今思えば、事業規模が大きいのが良いわけでもなく、小さくても利益を上げ続けている個人事業主もいます。別に比較するものではないと、今ではわかります。

その証拠に、私がこれまでご縁をいただいた公的機関の方々は、どなたも真摯に対応してくださり、むしろ積極的に応援し、さまざまな機会を準備してくださいました。「なんでそんなにしてくれるんだろう……?」と思ったこともあります。

ある時、私に教えてくれた方がいました。「それは、しっかり事業を整えてもらって、利益を上げて税金を納められる人を増やすためだからだよ」と。この言葉にすごく納得しました。なんせ公的機関は、無料で支援を提供してくださることが多いので「いいの!?」と思っていたからです。たしかに、税金をしっかり納められる人が増えることが、国や県や市町村にとっては回り回って利益になりますね!

公的機関の活動と言うと、「税金をむしり取ろうとしている!」みたいに言う方もいますが、私は、適正に決められた税金は払うべきだと思っていますので、こうして支援していただけることはありがたいことです。国は事業主に冷たい……みたいな話も聞きますが、結局こういうのって〝あっちを立てればこっちが立たず〟で、もちろん平等になるように広い目で考えてくださっているけれど、状況によっては不利になる人も必ず出てくるものだと思います。文句を言っても始まりませんから、今自分にできること、活用できるものを活用して、しっかり自分の「想い」を広げることに注力すれば良いのだと私個人は考えています。

「私なんて……」と気後れしていないで、積極的につながりを持つ姿勢で、どんどん活用してみてください。

次ページ以降、私が活用した各公的機関を紹介します。商品や業種によっても活用するしないの違いはあるかもしれませんが、ぜひ参考にしてください。

2 よろず支援拠点の活用法

「よろず支援拠点」って聞いたことありますか？　私は、看護師の時はもちろんのこと、起業してからもまったく知りませんでした。とある企業の方とお話をしていてそれならここに相談するといいよ！　と教えていただいて初めて知りました。

よろず支援拠点とは、国が全国に設置している中小企業・小規模事業者のための無料の経営相談所です。自分のお住まいの地域も調べてみてください。創業の相談、経営相談、商品企画やSNS広報など幅広く相談することができます。地域によって、コーディネーターの専門分野には多少の違いがありますが、さまざまな分野を相談できます。

私は、よろず支援拠点で、まず製造所の設置を行なうか否かを一緒に考えていただきました。5章でも書いたように、自分で建てる場合と居ぬき物件を借りる場合と現状維持の場合を比較して、その段階では現状維持が良いだろうと判断することができました。

商品についても、商標登録することを勧めていただき、しまね知的財産総合支援センターを紹介してもらいました。そのおかげで、自分で説明を読んでもまったくわからなかった商標登録を出願し、商標登録をすることができました。さらには、食品の表示についても、当時専門のコーディネーターがいらっしゃり、相談に乗ってもらうなど多いに活用させていただきました。これで、無料なんです。

よろず支援拠点のコーディネーターさんが問題を解決してくれるというよりは、課題を一緒に明確化して、その先の動き方を一緒に考えてもらえたという印象です。また、詳しい専門家の方へつないでいただくこともありました。

各地域でいろいろなセミナーも開催されています。地域によって特色がありますが、無料で受けられるものがほとんどで、私は他県のよろず支援拠点のセミナーもオンラインで受講しました。

まずは、自分の地域のよろず支援拠点を調べてみましょう。そこで、どのような支援が受けられるか、どのような分野のコーディネーターさんがいらっしゃるのか、どのようなセミナーが予定されているのかを見てみてください。ネット上で、面談の予約もできますので、自分が悩んでいる分野の相談をしてみることをおすすめします! 客観的な専門家の目で見てもらうことで、自分では考え付かなかった解決策や方法が出てくるかもしれません。またそこへ相談に行ったことでいろんな方向へご縁が広がるかもしれません。自分1人で悶々と悩んでいるのなら、一度、相談に行ってみることをおすすめします。

3 商工会議所、商工会の活用法

起業していなくても一度は耳にしたことがあるであろう「商工会」。実は、商工会議所と商工会があるんです。この2つは、根拠となる法律や管轄の官庁などに違いがあるようです。ざっくり言うと、市の区域(特別区含む)が商工会議所で、町村が商工会のようです。厳密に言うと違う組織ですが、共通する部分もあります。共通する部分は「中小企業や小規模事業者のために、秘密厳守・原則無料で経営相談などを行う」こと（「経営者コネクト」より）。よろず支援拠点と似たような業務に見えますが、私の実感としては、商工会議所はより地域に特化した支援を提供している印象です。ちなみに私は事業所が出雲市にあるので、出雲商工会議所に加入しています。

先ほど書いたように、私は起業して数年は、なんとなく気後れしていた上、「個人事業主は相手にされない」という都市伝説のような噂を耳にしたこともあり、商工会議所には加入していませんでした。もちろん会員でなくても、相談や情報提供をしてもらうことはできます。しかし、会員になった今は、地域の商工会議所が私の事業所を把握してくださっているだけでも、社会的に信用度が増すなと感じています。

コロナ禍のころ、補助金を受け取る際に商工会議所（または商工会）か金融機関で書類の確認を受ける必要があって、それを機に加入しました。非会員の時も補助金などの問い合わせをしたことがありましたが、欲しい情報がなかなか得られず……。「会員じゃないと親身になってくれない」なんて噂もあったので（どんだけ噂あるの!?笑）、やっぱりな、と思っていましたが、今思えば、非会員に冷たいというより、会員だと状況がわかっているので、よりマッチする情報を提供いただけるということだなと思います。地域によって対応に差はあるようですが、私は会員になって本当に良かったと思っています。たくさん助けていただきました。

私の商工会議所活用法

補助金の申請の際には、申請書類の書き方も詳しく教えてくださり、申請書に入れるといい情報なども教えてくださいました。専門家派遣制度を活用して、食品衛生の専門家の先生の派遣もしていただきました。事業者は、費用の負担も書類の作成もありません。衛生管理を法律に則って整備し、営業許可を取得する準備等も一緒にやっていただきました。全部で5～7回訪問していただいていますが、全部無料です。その他の専門家でも予算がある間は活用できるようです。

また、個人事業主から法人化するタイミングに悩んでいた時は、商工会議所専属の税理士の先生に相談することもできました。そこで相談したことで、法人化したほうがメリットが大きいだろうと、法人化に踏み切ったというのがあります。挙げだしたらキリがないほど、私は本当にお世話になっています。セミナー開催の案内や商談会への参加の案内、企業視察研修の案内も来ます。国や県、市町村とのつながりがあるので、世の中の動きについても情報がもらえます。

「まちゼミ」という取り組みもあって、お店の人が講師となって専門的な知識や情報、コツなどを原則無料でお客さんにお伝えするミニ講座が出雲市の商店街を中心に開催されます。会員も非会員も参加することができます。全国各地でこの「まちゼミ」は開催されていています。「まちゼミ」のいいところは、商工会議所（または商工会）が主催となって新聞に講座の案内のチラシが折り込まれる点で、参加費２０００円（会員の場合。２０２４年時点）で、新聞広告に自分の事業所や商品を掲載していただけるので良い宣伝になります。そして、いつもはSNSでの宣伝がメインの私では出会わないような年齢層のお客さんに来ていただくことが多いので、広く商品を知っていただく機会として本当にありがたく活用させてもらっています。

各地域の商工会議所、または商工会に、ぜひ問い合わせてみてください。そしてこれは開業し、具体的な事業内容が決まってからが良いですが、会員になりたい旨を伝えてみてください。年会費と言っても、各所によって違いはあるかもしれませんが、１口数千円からです。それでこれだけの支援とバックアップをしていただけるのならば、安いものだと思います。創業支援などもあると思うので、起業をしようという時は、商工会議所（または商工会）への加入を頭に入れておいてください。

4 産業支援センターの活用法

4章で「おいしい出雲」認定取得について書きましたが、そこで出てきたのが産業支援センターです。出雲市には、NPO法人21世紀出雲産業支援センター（現NPO法人ミライビジネスいずも。以下、出雲産業支援センター）があります。こちらにも、「おいしい出雲」認定取得はもちろん、商談会やセミナーなどでとってもお世話になっています。

産業支援センターとは、地域の産業を育てるために設立された施設で、企業の技術相談への対応や技術者養成などを通じて、企業の製品開発や技術力向上をサポートしています。また、リーダー企業と連携し、民間発想やノウハウを活用して、地域の産業をけん引。名称や運営主体は、地域や業種によって異なりますが、共通して産業経済の発展に寄与することを目的としているようです。

出雲産業支援センター主催で、東京への視察と商談会を兼ねた研修にも参加したことがあります。そこから、定期的にセミナーや商談会の案内をいただきます。「おいしい出雲」のフェアへの出店なども案内が来ます。

私が普段参加している商談会と言われるものは、だいたい出雲産業支援センターからの情報提供によるものです。

バイヤーさんが講師となったセミナーも多く、今一番お世話になっているバイヤーさんは出雲産業支援センターでのセミナーに参加させていただいてできたご縁です。商品についてのアドバイスをくださったり、新商品を考える際に企業をご紹介してくださったりしました。また、定期的にバイヤーさん自身が商談時に商品を取引先に紹介してくださり、新規の取扱店が着々と増えています。

地方在住者が販路を広げる際の心強い伴走者

世の中にはいろんな種類のお店がありますが、特に地方に住んでいる私のような者にとって、県外や首都圏のお店の方とどのようにすればコンタクトが取れるのか、まったくわかりませんでした。

もちろん、商品を持って飛び込み営業をしたという話も聞きますので、それも方法の一つです。しかし、どんなお店があるのかさえ、あまりピンときていないのです。

そんな時に、オーガニックで有名なスーパーや、高品質なものを扱うスーパーなどの方が講師になってセミナーが開かれるので、そこでお店のことを知ることもできますし、ご挨拶させていただいてご縁がつながることもありました。商談会を通じて、バイヤーさんがお持ちの販路へ紹介してくださることもあります。

これらは、1人では絶対にできないことだと思います。このように多くの方の経験と知識をお借りして、商品を広げていけるので、製造側とバイヤーさんとお店の二人三脚のようなイメージを持っています。商品を作る人、間に入る人、売る人、単にそれだけの関係ではなく、私が商品とともに届けたい「想い」や「体験」を一緒に届けてくれる応援隊のような気持ちでいつも頼りにしています。

このように、産業支援センターには、たくさんのご縁をつないでいただけました。先日も、とあるフェアに私の商品を紹介してもよいかと連絡をくださいました。このように声をかけていただいてありがたいなと思っています。

看護師のまま働いていたら、たぶん一生知らなかった、関わらなかったであろう方々とこのようなご縁がつながっていくのも、起業の醍醐味だと感じています。

まずはお住まいの地域に、産業支援センターや、同様の機関があるかどうか、どのような支援事業をしているのかなどを調べてみてください。

5 金融機関の活用法

金融機関と言えば、銀行などで口座の開設や資金を借りるなどが浮かぶと思います。

私は日本政策金融公庫で、設備の資金や運転資金を借り入れています。日本政策金融公庫とは、主に中小企業や小規模事業者に向けて融資を行なっている、財務省管轄の政府系金融機関です。預貯金の口座などはなく、融資専門の金融機関です。まだ実績のない創業時でも融資が受けやすく、無担保・無保証人でも融資を受けられる、金利が低いなどのメリットを聞いたことがあります。

私は、個人事業主で店舗を経営している知人から日本政策金融公庫を紹介いただきました。まだ当時、開業して2年以内で創業資金融資が受けられたので、創業計画書などの書類が必要でした。

日本政策金融公庫の担当の方と面談をして書類の作成などを行ないました。これまでも2~3度資金の借り入れをしていますが、別に悪いことはしていないのに、事情聴取を受けているような気持ちになるのが毎回不思議で緊張します(笑)。個人事業主の友人も同じように言っていました。しかし、担当の方は丁寧に事業の内容を聞いてくださり、書類の作成もバックアップしてくださいましたので、ご安心ください。事業をしてお金を借りるのなら、日本政策金融公庫を頭に置いておくと良いと思います。

銀行はお金の貸し借りだけの場所じゃなかった!

次に銀行です。実は私は、事業用の口座の開設や支払い等以外は、銀行とあまり関わりを持っていませんでしたし、どのようにそれ以上の接点を持っていいのかもわかりませんでした。

しかし、商工会議所を通じてとあるセミナーの案内が来て、そのセミナーが地元銀行の主催だったことで、銀行の方ともつながりができました。実のところ、そのセミナーの主催が地元銀行さんであることもわかっておらず、会場で地区の担当の方にお声がけをいただき、気づいた次第です。その後、訪ねてきてくださり、事業で使える融資の提案をいただいたほか、地元の企業ともつなげていただきました。銀行の担当の方が紹介してくださり、そこから商品を気に入っていただき、取引が始まりました。

銀行と言えば、「お金を借りる・返す」しか思いつかなかった私ですが、このように事業の支援もしてくださいました。結局のところ、地元企業が良い経営をしてさらに事業拡大などができると金融機関としても融資ができ、いろいろな金融商品で売上が上がるので、企業が元気でいることが銀行さんの経営にも良いのだと解釈しています。

起業してすぐにこのように関係がつながっていくわけではないかもしれませんが、事業を支えてくれたり、応援してくれたりする機関は、思っている以上にたくさんあります。1人で考えてやる前から「無理だわ……」と諦めるよりも、公的機関に一度相談に行くと、いろいろな道が開けていったりします。この章で挙げたような機関に、ぜひコンタクトを取ってみてくださいね。

8章

女性・ママの起業のリアル
―これが私の生きる道

1 スピリチュアル系ビジネスから目が覚めアスパラ農家になったIさん

この章では、実際に私の周りにいる起業をした友人、起業を目指した友人たちの実例をご紹介します。ここでご紹介する事例は、みんな子どものいるママさんです。女性の生き方、働き方のヒントになれば幸いです！

Iさんは40代、小学生と保育園に通うお子さんのママです。夫婦の実家は同じ市内にありますが、核家族でマイホームを建て暮らしています。

Iさんとは、私が起業して2年後ぐらいの2019年末に出会いました。Iさんは、宇宙とかスピリチュアルなことが大好きで、私も人づてに噂を聞いていました。話す内容が私と似ているということで「2人、絶対気が合うと思う！」と共通の友人に言われている存在でした。

当時Iさんは、自宅でパン教室の先生をしていました。私も参加しましたが、自分ではできないようなパンが、Ｉさんに習うとあっという間にできてしまうので、大人気のパン教室でした。しかし、Ｉさん自身は、どこか自分のキャパシティ以上にがんばり過ぎていたんだそう。お客さんの要望に１２０％応えられるように、プライベートよりも仕事を優先し、自宅でのパン教室に限界を感じていました。

ちょうどそんな時に私と出会いました。お互いが推しているセミナー講師も同じで一瞬で意気投合！「自分を大切にする」「自分らしく生きる」「体を楽にする」という想いにお互い拍車がかかりました。私と同じように、「出せば入る」という〝教え〟のもと、たくさんお金を使って買い物もしていたし、セミナーの類にもたくさんお金を出していました。しかし、まだ子どもも小さいので思うようにあちこち自由に行ったりはできません。次第にそんな部分に不自由さを感じるようになっていました。

そんなＩさんのお家は、夫婦で一緒に貯金をしているので、Ｉさん自身がいくらでも好きにお金を使える環境にありませんでした。そのことでご主人と衝突して、「自分らしく自由に生きたいのにそれができない」と離婚の話まで出たほどです。夫婦仲はとっても良いのに、その部分において自由にできない窮屈さから、離婚しないと自由になれないと行きついたようです。これ、実はスピリチュアルにハマる女性で同じような事例を多く見てきました。一緒に暮らす家族がいるのならば、自分の一存だけで物事は決められないのは、ごく当たり前のことなのに、それを〝不自由〟と感じてしまうのです。そして挙句、自由になりたい一心で離婚を選んだという話はよく耳にします。私にも子どもが3人いますし、自由に動けない不自由さは感じていました。反面、それを手放してまで自由になるのは違うと思っていたので、そこはうまく折り合いをつけていたのですが、その部分で生き辛さを感じるスピリチュアルにハマる女性は多かったように思います。

Ｉさんはご主人ともしっかり話し合われ、離婚はせず、その後赤ちゃんも生まれて、今でもとっても家族仲良しでいます。そんなＩさんですが、自宅でのパン教室で自分を蔑ろにして働き過ぎた分、その後はスピリチュアルの「嫌なことはしない」「自分にやさしく」「体を楽にする」をモットーに、パン教室を辞め、体力を奪われるような活動は極力避けて、スピリチュアル的なセミナーなどをしていました。

しかし、収入が少なく、お金も底をつきかけて、推しとして追いかけていた人たちの言っていることに違和感を覚えるようになったと言います。ずっと憧れて、同じようになりたくていろいろ真似していたけれど、ふと、「自分が欲しいのはコレだっけ？」と思ったそうです。そこから徐々に目が覚め、まだ私がどっぷりスピリチュアルにハマっているころ、一足先に(!?) Iさんはスピリチュアル起業から卒業したのでした。

体優先、家族優先の農家へ転身

そこからは、もともと近い将来家族で農業をするという夢があったので、農業を始めました。ご主人は会社員のまま、農業はIさんがメインでやっています。現在は12棟のビニールハウスを所有し、アスパラの栽培をしています。1年のうち、2月〜11月がアスパラのシーズンで、繁忙期は多い日で50キロの収穫をするそうです。

ビニールハウスの中は気温もかなり高くなるので、一般的にはアスパラ農家は朝の涼しい時と夕方気温が下がり始めた時に収穫するようですが、小さな子どもがいるため子どもたちが保育園や学校に行っている間しか時間が当てられず、同じような昼間に時間の空くママさんたちにバイトで手伝ってもらいながら収穫をしています。

実家が農家だと、農地や設備があることも多いようですが、Iさんはそうではなかったので、さまざまな補助事業を活用してビニールハウスや設備を整えました。作る作物にもよりますが、この初期投資が数百万～1000万円単位だったそうです。農業だけの売上で会社員の年収ぐらいはあるそうですが、人件費や設備費などを差し引いていくと「生活には困らないけれど大きく残るまではない収入」とIさんは言っていました。

Iさんの農業シーズンの1日のスケジュールは、図の通りです。夏の、アスパラがぐんぐん生える時期には早朝にも収穫をして、会社員と同じぐらいの仕事時間を過ごしています。合間で家事もしますし、子どもの急な病気などで収穫ができない場合は、アルバイトさんたちにお任せできるシステムを構築して、現在のスタイルを確立していきました。アスパラがオフシーズンの時は、短期バイトや次シーズンのための準備や管理作業をしています。

あれほど、「自分を大切に」「体を楽にする」と言っていたのに、今や真夏の暑い日でもビニールハウスの中で1日中作業をしています。当時、何もしないことがいいことのように「自分に無理をさせない」と言っていたのが嘘のようです。土の研究や農法の研究をご主人とされて、とってもおいしいアスパラを作っています。

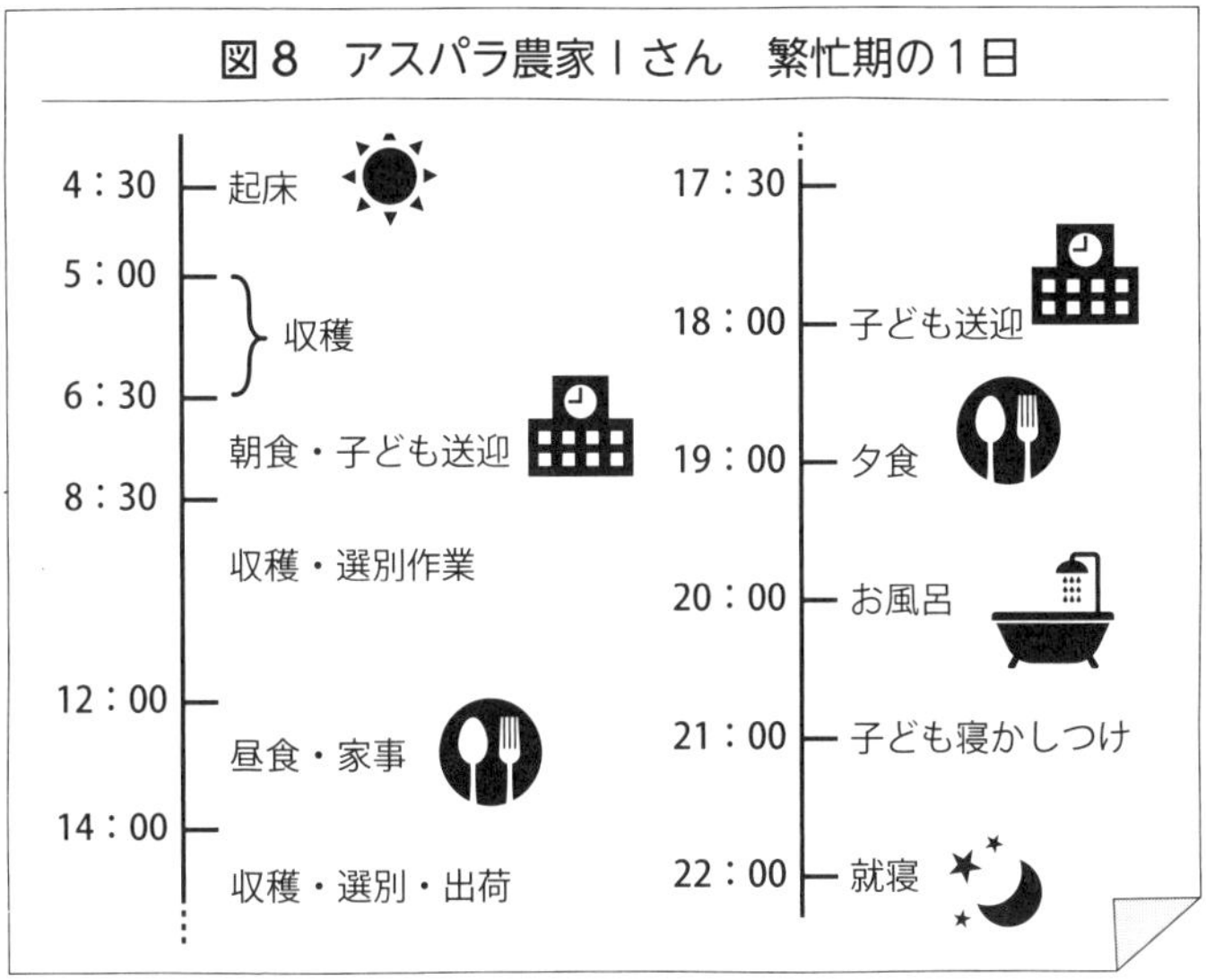

図8　アスパラ農家Iさん　繁忙期の1日

よく2人で、スピリチュアル起業にハマったころを振り返って、「なんだったんだろうね〜」と言っています。誰かの言葉を言葉通りに受け取っていたように思います。自分とその人は何もかも違うのに、同じになれるはずもないのに、自分ではない誰かになろうとしていました。

自分を大切にすることが第一優先で自分にしか目が向いていなかったけれど、ちゃんと自分の手元にはかわいい子どももいて、幸せな家庭もあったのです。そして、当時、自分を大切にするあまり、自分と意見の合わない人は自分から縁を切るようなことをしていました。私にもあったことですが、本当にその時のことは2人で後悔していいます。しかし、過ぎてしまったこと。あのスピリチュアル起業にハマっていたことも、いろんな体験ができたからこそ、今の人とのつながりがとても尊いし、働いてお金をいただけることのありがたさも身に沁みます。

Iさんの農園のモットーは「体調不良の時は、必ずお休みしてください」「家族の都合が悪い場合も遠慮なくお休みしてください」「遅刻という概念はありません。焦らずゆっくり来てください」の3つ。体優先、家族優先に仕事をしてもらうことで、根底にある思いは変わらず、たくさんの人に囲まれています。アスパラのファンも増え、多くのお店にも広がりつつあります！

2 高額セミナーをやめて地元のSNSの先生になったNさん

Nさんは、40代で、小学生2人と保育園児1人の3人子どものママさんです。Nさんもご主人も実家は近くにあり、日ごろから家のことと子どものことを手伝ってもらえる環境にはありますが、マイホームを建て、核家族で生活しています。

Nさんは起業塾で出会ったころからの友人です。私が一時、高額セミナーで一旗揚げよう(!?)と思ったように、Nさんも高額セミナーをしようとしていました。私が起業塾を途中で辞めてしまったこと、Nさんの妊娠出産があったことでしばらくは会っていなかったのですが、久しぶりに再会した時は、同じような道を歩んで、目が覚めて……というところでした。

Nさんは、大学卒業後、教育系の会社で正社員、食品卸会社で契約社員、その後コールセンターのパート主婦などたくさんの経歴を持っていました。結婚・出産などを経て、フラワーレメディ(英国発祥の自然療法)で自分の心の不調を癒したことで、「これをもっと人に知ってもらいたい!」と思って起業を考え始めたそうです。しかし、どのように仕事にしていったらいいかわからず悶々とする日々の中、第2子出産後、起業塾に入ります。

起業を目指し、高額の受講料を払って入塾したものの、思うように売上を上げることができず、塾生のSNSのサポートをする裏方の仕事に回りました。その後、3人目の妊娠、出産を経て、声がかかったことをきっかけに経験を活かして地元の官公庁の機関で、SNSが苦手な方へのサポート業務やアドバイスをする仕事を始めます。最初は周囲には専門性の高い人ばかりで、自信もなく力不足を感じることも多かったと言います。しかし、喜んで、満足してくれるお客さんが多く「自信がない」という考えはあまりなくなったそうです。

SNSの先生というと、自分には無理だと思ってしまいそうですが、Nさん曰く「人より少しできるから、割と得意だから、ニーズがあるから、嫌じゃないから、から始まって、やっているうちに楽しくなって、さらに勉強をしたよ」とのことで、「人よりちょっとできることを、自分よりわからない人に教える」のがビジネスのタネだったと話してくれました。今では週に2〜3日は官公庁の機関でSNSの先生のお仕事をして、それ以外の日はもともと好きだった自身のノート講座などを開催していきます。Nさんのお仕事の日のスケジュールは図の通り。ご主人のお母さんが手伝ってくれる日があるというありがたい環境でもありながら、家のこと子どもたちのことをしっかりとこなして、仕事をやっています。起業2年目にご主人の扶養からはずれ、現在はサラリーマンの年収ぐらいは収入があるそうです。そのうちSNSの先生の収入

図９　SNSの先生Nさん　SNSの先生の日（平日）

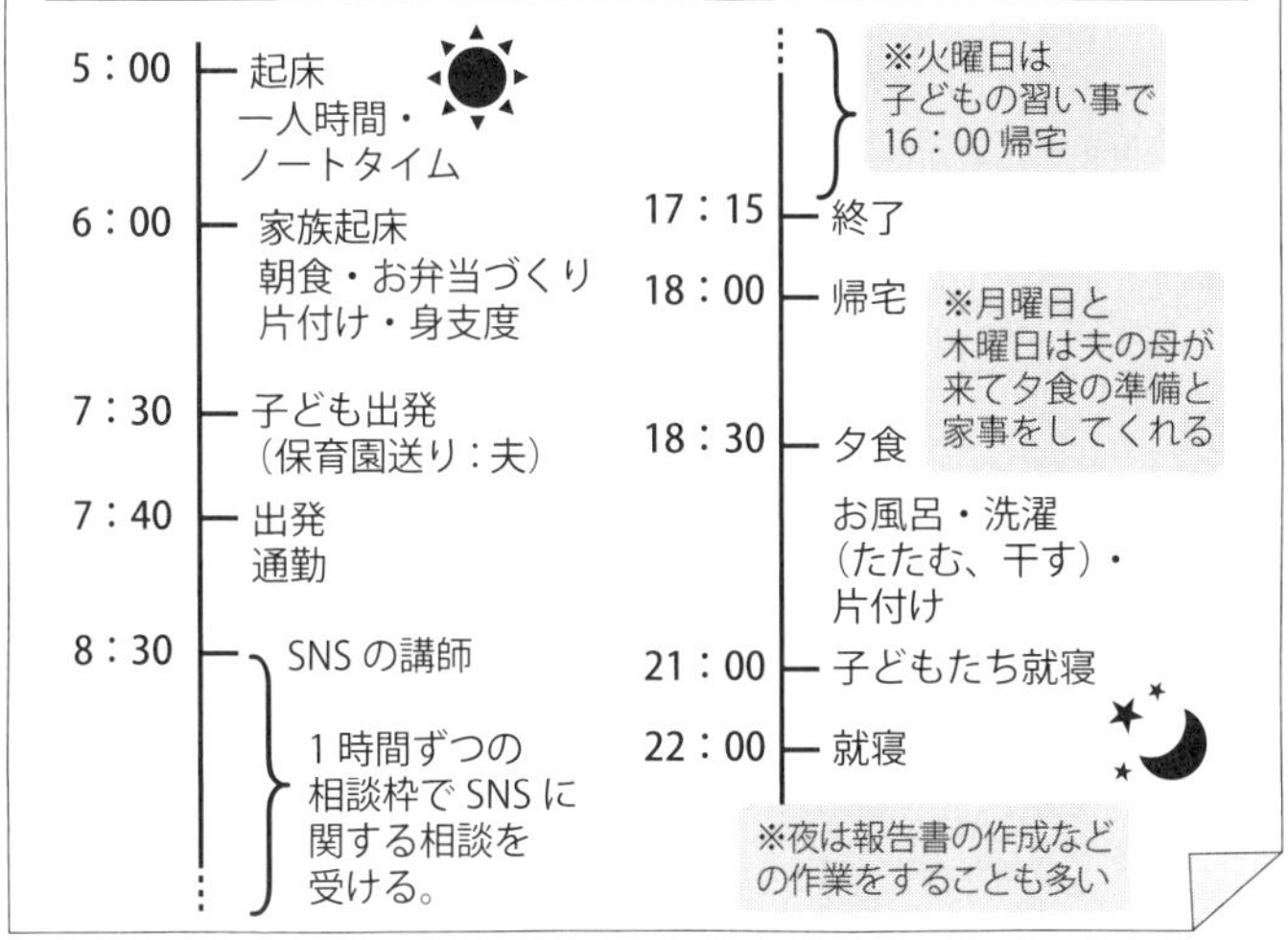

が８割、残り２割は自分の講座などで収入を得ているとのことでした。

高額セミナーで大きく稼ぐだけが起業ではない

ＳＮＳの先生の仕事をする一方で、やはりどこかで「好きなことで起業」することを目指していて、その呪縛はなかなか解けなかったようです。私が２章で注意喚起をした、高額セミナーを作るセオリーが頭に染み込んで、高額セミナーを作らないと収入が上げられないと思っていたとか。起業してやるビジネスはその方法だけだと思っていたと、Ｎさんは話してくれました。しかし、仕事をする環境が変わり、実際にビジネスをしているさまざまな業種の方と広く関わる中で、高額講座を作って売ることだけがビジネスの形ではないことに気がついたのです。「好きなことで起業」から、「できること、求められることを提供すること」に考え方がシフトしていきました。

Nさんも私と同じ「起業して自由に働く」ことを夢見ていた同志ですが、再会したのは、SNSの先生をし始めたころでした。週のうち何日かは県内への出張もあるようなお仕事で時間的な制約を受けますが、とてもイキイキと働いていたのが印象的でした。この様子を見て、「起業がすべてではないよな」という思いが一層強くなりました。

起業の表も裏も、いろいろな面を見てきたNさん。「いかに堅実に基本的なことを丁寧にやるかが起業には必要だよね」とよく話しています。当時、私たちが一番蔑ろにしていた部分です。

SNSの流行りの情報に惑わされず、コミュニティを転々として起業なのか何かわからないことをして〝自分探し〟をしている起業女子に、Nさんの事例が届くといいなと思います。

3 古民家で雑貨屋を始めたTさん

Tさんは40代で、中学生と小学生の2人のお子さんのいるママさんです。数年前に古民家を改装して、古民家暮らしを楽しんでいらっしゃいます。

Tさんは、実は2020年ごろに開催していた私の「商品づくり講座」に参加してくださった方でした。当時はお子さんも小さく専業主婦をされていました。古民家を購入して、リノベーションをして住んでおり、古民家の素晴らしさをたくさんの人に味わってほしいという思いを持ちつつ、雑貨が好きで古民家の納屋を改装してお店などができないかと考えていらっしゃいました。

講座に参加してくださった時は、なるべくなら人前に出たくないし、SNSで発信するのも苦手、「私なんかが……」とおっしゃるような方でした。納屋を改装するとなると大きなお金もかかるし、そんな大きなお金を使ってもいいものか、いきなりそんなことして大丈夫か、はたまたどのようにしたらいいのかに悩まれていました。

講座は2か月間でしたので、商品の作り方を一通りレクチャーした後、SNSの発信など個別の相談を受けていました。とにかく、表に出ることを怖がっているような印象で、見た人がなんて言うだろうとすごく気にされていました。

何かお客さん相手のことをやろうと思うと、SNSでの発信はまずやったほうがいいし、人前に出ないでもできる方法はすごく限られます。さらに、Tさんのように、大きなお金をかけて改装や設備投資をするかどうか悩む方は多いと思います。ですので、Tさんにも、まずはできることから始めることを提案していました。いきなり納屋の改装をしてお店を作るのではなく、まずはイベント的に古民家の雰囲気を味わっていただくお茶会などはどうだろうと提案しました。アンティークの雑貨が好きで、雑貨の販売もしたいという点については、イベントで少し展示して販売するなど、いろいろな方法があることをお伝えしました。

Tさんはその後数か月して自宅の古民家でイベント的にフリーマーケットを開催、そこから数か月後に開業。古物商許可も取得するなど、驚くほどの行動力で雑貨屋さんをオープンさせました。営業日は週に数日として、SNSでオープン日を案内しています。雑貨屋さんはご自宅の古民家の土間を利用しており、アンティークな食器や雑貨などが並んでTさんの世界観がすごく素敵に表現されています。コラボイベントなどもよく開催されていて、あんなに「私なんかが……」と言っていたTさんが!!と思うと、驚くばかりです。

つい先日、やっとTさんのお店にお邪魔してきました。写真で見ていた以上に素敵で、空間の作り方も本当に素晴らしかったです！ あんなに人前に出たくないって言ってたのにね、と2人で笑いました。最近は、お子さんにお金もかかるようになったので、週に何日かはもともとお持ちの資格を活かしてパートに出ているようです。パート以外の日をお店のオープン日にしているとのことでした。起業だけでやっていくのは、子どもが大きくなるにつれて金銭的に難しくなることもあるから、パートで収入も得ながら好きな仕事をやれるのが、家計のためにも心の安定のためにも最適と話してくれました。

そんなTさんの1日のスケジュールは図の通りです。お店はいわば自宅なので、お客さんがいない時は家事をしていると言います。基本的には子どもと家族中心の生活の中、空いている時間で無理なくお店を経営されています。現在は、パートも含めご主人の扶養の範囲内の収入が得られているそうです。

図10　自宅の古民家で雑貨店を営むTさんの1日

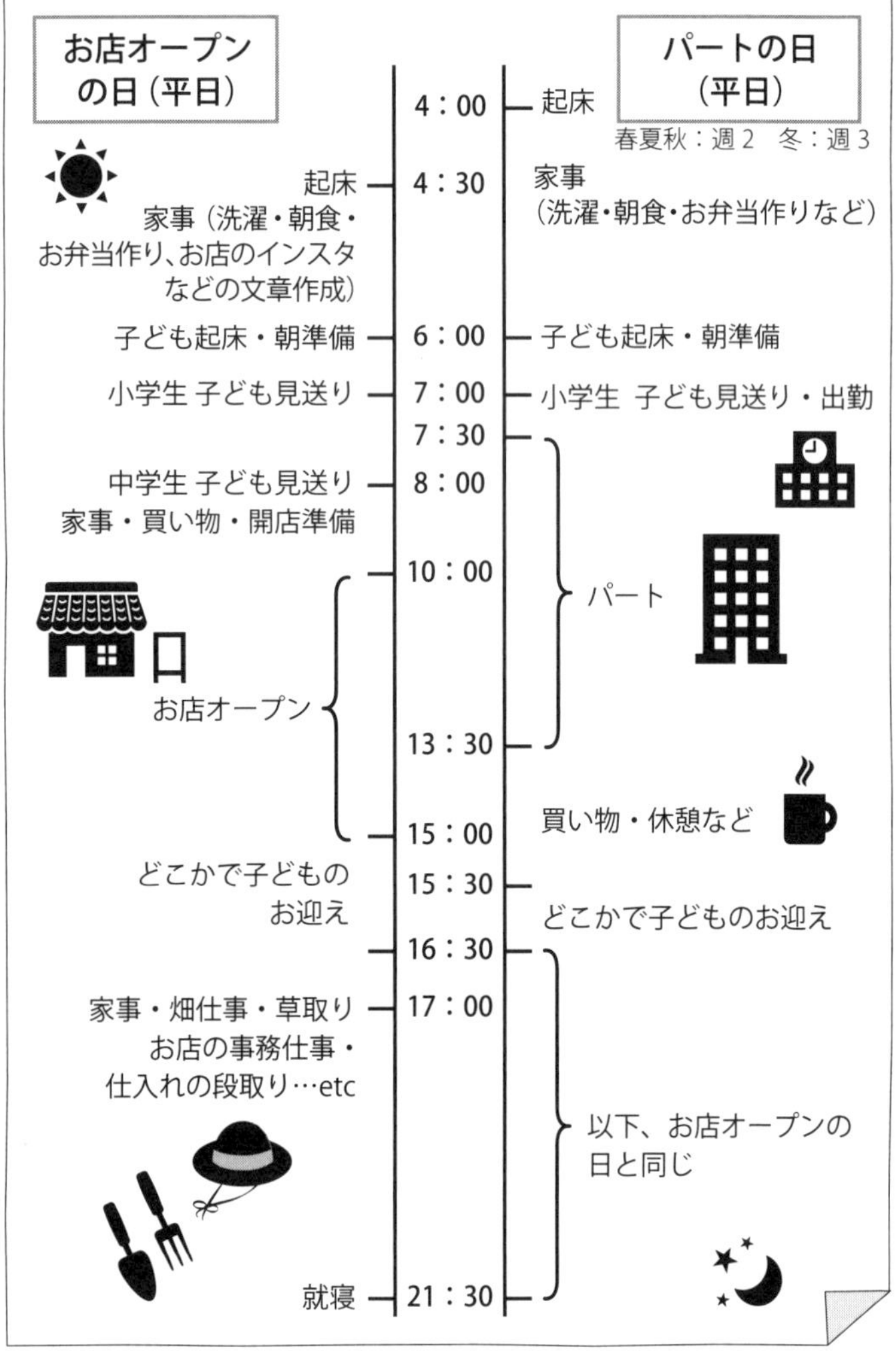

お金をかけず、まずは自分ができるところから

雑貨屋さんを開きたいと思う方も多いと思います。でも、場所は？　商品の仕入れは？　売上は上がる？　などたくさんの心配事があることでしょう。特に養う子どもがいると、全財産を投入してやってみよう！　というわけにもいきません。フリーマーケットに出店してみることからでも、何かのイベントで出店者を募集していたら申し込んでみることからでもいいのです。最初は月に1回であっても、まずは自分のやりたいことをやれる範囲でやってみると良いと思います。今はBASEやSTORESなど無料でネットショップを立ち上げられるサービスもありますので、ネットショップでの販売からスタートしてもいいかもしれません。やってみると見えてくることもありますし、いろんなつながりで道が開けることもあるかもしれません。最初から、「これはこうあるべき」と固定観念にとらわれず、今の自分でできるところからやってみることをおすすめします。

実際に、Tさんが開業時にした一番大きな買い物は、10万円の棚だったそうです。ショップカードやロゴは自分で原案を作りプロに手直しをお願いして数千円、看板は

手づくりで、徐々に揃えていったようです。時間をかけて少しずつ準備をして、開業費はトータル30万円もかかっていないとTさんは教えてくれました。

Tさんの長年の夢を叶えるのに、私がお伝えしたことが少しでも役に立てて嬉しいです。それ以上にTさんの行動力に大拍手！　やっぱり行動あるのみです。〝とりあえずやってみる！〟の精神で、Tさんのように一歩を踏み出してみてください。

4 起業を目指した看護師のSさん

Sさんは、30代で、小学生と保育園児の2人を育てるママさんです。ご主人の実家は近く、日ごろからお手伝いもしてもらえる環境で、マイホームを建て核家族で暮らしています。そんなSさんは、フルタイムで働き、夜勤もある現役の看護師さんです。インスタグラムからメッセージをくださったのがきっかけで、ランチなどに行くようになりました。

最初はSさん自身も働き方に悩んで、「起業を考えている」とメッセージをくれました。会ってお話を聞くと、やりたいことはあって、取りたい資格もあるが、県外での講習のため子どももまだ保育園なのでご主人の理解が得られないと悩んでいました。たしかに、子育てをしながら看護師で夜勤もしてフルタイムで働くのは至難の業です。その大変さはよくわかります。起業をして時間も自由に使いたいという気持ちもとても理解できました。ご主人を説得できないか、どうにか起業できる方法はないかなどを一緒に話したのを覚えています。

そこから数か月経って再びランチに行った時には、Sさんは「今いるところで資格を取って、組織の中でより自由に動けるようにがんばってみようと思う」と話してくれました。一時は起業をしたいと考えたけれど、今は看護師のまま病院のバックアップを受けて資格を取って、組織の中で今より自由に動けるポジションを得ようとされていたのです。看護師から起業して、起業1本でやって精神的に不自由さを感じ、看護師のパートと両立している私としては、これは英断だと思いました！

組織を辞めて起業することだけが自由ではありません。1章でも書いたように起業にもメリット・デメリットがあります。しかも、これからお金のかかる子どもたちがいることを考えると、辞めたほうがいい決定的な理由でもない限りは、今いる場所でできることをして、しっかりお金を貯めて実行に移しても遅くはないと思います。起業して売上が上がらない苦しさを知っている私からしたら、仕事に出てお給料がもらえるのはとってもありがたいことです。その渦中にいると、素晴らしさよりも不平不満のほうが出ますが、一歩離れると、仕事があるってとても素晴らしいことです。遠回りのようには見えますが、今は身近な友人などに自分の興味のあること、起業したらやってみたい内容のことを伝えたり、試してもらったりして準備していけばいいのです。

それと、案外と子どもが保育園のうちのほうが、預けられる時間も長く、何かと働きやすいです。私の経験上、小学校に上がってからのほうが下校時間も早く、児童クラブに行っても結局お迎えの時間はあるしで、振り返ってみると保育園の時のほうがいろいろ気にせず働けていたと思います。加えて、我が家は小学校に上がってから不登校という問題もありましたので、正社員で働き続けるのに限界がありました。なので、働けるうちにしっかり働いて収入を得て、一方で着々と起業の準備を進めていくのが賢い方法ではないかと思うのです。

未来の起業に向けて勤め人でいながら準備を始めるのも立派な一歩

Sさんが新たに資格を取ると言ったことも、長い将来の中でどんな役に立つかわかりません。今の私も、看護師時代の経験を活かして条件の合うパートに就けています。自分ががんばったことは裏切らないと思いました。

そんな話をした2回目のランチの後、Sさんは、さっそく新たにインスタグラムのアカウントを立ち上げて、今後やっていきたいと思っていた、自分の好きなこと、みんなに伝えたいことの発信を始めました！ さすがの行動力です！ 私にインスタグラムからメッセージを送ってきてくださったのもそうですが、なかなかできないことです。「自分も起業に興味があって、一度会って話が聞きたい」と送るのって、勇気がいります。それをできちゃう行動力をSさんは持っているのです。ちなみに、私はこういうメッセージをいただくのは嫌ではありません。力になれることがあれば、力になりたいと思っています。

Sさんにも、1日のスケジュールを教えていただきました。

Sさんは起業はまだしていないけれど、フルタイムで働き続けることを選んだ女性の働き方の選択という点で、ぜひこの決断も今読んでくださっている方に伝えたいと思ったので紹介しました。起業だけが素晴らしい選択ではありません。その時の自分の状況や家庭の状況、もちろん家族の理解も得られるベストな状況がきっとあるはずです。無理に押し切って、不和を起こすようなことがあっては、本末転倒なこともあります。起業しようと思ったものの、やっぱり組織に残るという決断をするのは、実は結構しんどいものです。だからこそ、その決断が冷静にできたSさん、本当にすごい！　と思いました。

Sさんのことなので、きっと何年か後にはベストな形で「起業しました〜！」という報告があるのではないかと思っています。

図11 看護師Sさんの1日

5：40 起床

（資格取得のe-ラーニングor読書
読書しながら記事にできそうなことを
ピックアップ）

6：30 子ども起床・朝食・身支度

7：45 子ども送り・出勤

8：30 仕事

（休憩中、時間があれば
kindleで読書or
e-ラーニングの
動画視聴）

17：30 子どものお迎え
夕飯の準備をしつつ洗濯

18：30 夕飯

19：00 子どもの宿題を見つつ片付け
洗濯物干し・読書

20：00 風呂

20：30 洗濯物たたみながら家族でのんびり

21：00 子ども寝かしつけ

22：00 e-ラーニング
記事づくり

23：00 就寝

その他
・夜勤入りの午前中と夜勤明けの午前中は、美容院やインスタの記事づくりなどの自分時間。
・家事をしながらや、通勤の仕事場に少し早く着いてしまったら車の中で読書。
・友人とランチしている時やテレビを見ている時に気になったことなどをメモして調べて記事化。

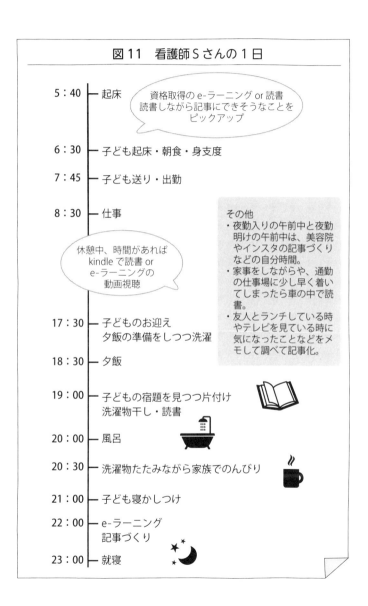

おわりに

ここまで読んでくださり、本当にありがとうございます。

ある時、ネットストアで販売をしてくれた友人に、「あなたのおかげで今、私は生きられている」とお礼を言ったことがあります。お金も仕事もなくなって途方に暮れていた私の商品を販売してくれ、そこから生活が成り立つようになったからです。するると、その友人は言いました。「良い商品だと思ったから売っただけ。これを形にしたのは勝部で、すごいのは勝部なんだよ」と。友人曰く、商品にするといいなと思うものは世の中にたくさんあって、「商品化したら?」とたくさん声をかけてきたようです。しかし、その中で本当に形にする人は2割もいないそう!

ということは、ある意味やったもん勝ち、一歩踏み出したもん勝ちなわけです。一歩踏み出さなければ、何も始まらないのです。そして、某漫画の某先生の名言「諦めたらそこで試合終了ですよ」のように、諦めず一歩一歩前に進んでさえいれば、失敗に終わることはないのです。現にこうして、失敗とも思える体験をもとに、私は長年の夢であった本を書いています。
今でも、起業系・スピリチュアル系にたくさんのお金を使っている女性やママさんを見かけます。実のところ、私は目が覚めた時、自分の不甲斐なさに、本当に消えていなくなりたいと思いました。それを救ってくれたのは、目の前で無邪気な笑顔を向けてくれる子どもたちと、変わらずにいてくれる夫と家族の存在でした。家族には感謝してもしきれません。大切なものはちゃんと目の前にあったのです。私と同じような経験をしている女性たちに、この本が届くことを願っています。

最後になりましたが、私の商品づくりをあらゆる方面から支え関わってくださっている皆さま、そして何より、ガーっと粉を購入くださっているお客さま、本当に本当にありがとうございます。２０２３年の誕生日、出版を勧めてくれた友人の高橋奈生さん、出版に向けて全面的にサポートくださった販促の先生、ビンカンパニー代表の辻山敏さん、すべてはあの日から始まりました。そして、著者リンピックの皆さま、同文舘出版の竹並治子さん、出版に際してたくさんのサポートをいただき、心より感謝申し上げます。

著者略歴

勝部久美子（かつべ　くみこ）

マザーアース合同会社代表

1980年生まれ、島根県出雲市在住。元看護師、3人の男の子を育てる3児の母。忙しいお母さんを応援する魔法の粉ダシ「ガーっと粉®」の製造・販売を行なう。

子どもの不登校をきっかけに、仕事が最優先の状態からすべてのキャリアを手放し、起業を決意。起業の世界に飛び込んだものの、知識ゼロ・経験ゼロ・計画性ゼロ・人脈ゼロがゆえに、流行りのスピリチュアル起業にハマり、貯金もゼロとなる。そんな時、家族のご飯用に作っていた粉ダシに対する「それ売って！」という友人の一言から、ダシの製造販売を始める。その名も「ガーっと粉®」。商品づくりの知識ゼロから始め、個人事業主として開業し、2023年に法人化。販売開始から5年間での出荷数は累計45,000個、出雲推奨商品「おいしい出雲」の認定も受ける。

自身が子育てに悩み、「働き方」を変えた経験と起業にまつわる数々の失敗から、ライフイベントの折々に「働き方」に悩む女性やママに向けて自身の経験を伝える活動を、これからのライフワークにしたいと考えている。

Instagram

地方住み・3児のママでもできました
自分と家族を幸せにする「起業」という働き方

2024年9月26日　初版発行

著　者 ―― 勝部久美子

発行者 ―― 中島豊彦

発行所 ―― 同文舘出版株式会社

東京都千代田区神田神保町1-41　〒101-0051
電話　営業03（3294）1801　編集03（3294）1802
振替00100-8-42935
https://www.dobunkan.co.jp/

 ISBN978-4-495-54169-9

印刷／製本：萩原印刷　　Printed in Japan 2024